I0536046

BESTACTIVITYBOOKS.COM

PRIMA EDIZIONE 2022

Illustrazione Grafica Extra: www.freepik.com
Grazie a Alekksall, Starline, Pch.vector, Rawpixel.com, Vectorpocket, Dgim-studio, Upklyak, Macrovector, Stockgiu, Pikisuperstar & Freepik.com Designers

5 CONSIGLI PER INIZIARE

1) COME RISOLVERE LE PAROLE INTRECCIATTE

I puzzle hanno un formato classico:

- Le parole sono nascoste senza spazi o trattini,...
- Orientamento: Le parole possono essere scritte in avanti, indietro, verso l'alto, verso il basso o in diagonale (possono essere invertite).
- Le parole possono sovrapporsi o intersecarsi.

2) APPRENDIMENTO ATTIVO

Accanto ad ogni parola c'è uno spazio per scrivere la traduzione. Per incoraggiare l'apprendimento attivo, un **DIZIONARIO** alla fine di questa edizione vi permetterà di controllare e ampliare le vostre conoscenze. Cerca e scrivi le traduzioni, trovale nel puzzle e aggiungile al tuo vocabolario!

3) SEGNARE LE PAROLE

Puoi inventare il tuo sistema di segni. Forse ne usi già uno? Per esempio, puoi segnare le parole difficili da trovare con una croce, le parole preferite con una stella, le parole nuove con un triangolo, le parole rare con un diamante, e così via.

4) STRUTTURARE L'APPRENDIMENTO

Questa edizione offre un **TACCUINO** alla fine del libro. In vacanza, in viaggio o a casa, puoi organizzare facilmente le tue nuove conoscenze senza bisogno di un secondo quaderno!

5) AVETE FINITO TUTTE LE GRIGLIE?

Nelle ultime pagine di questo libro, nella sezione della **SFIDA FINALE**, troverete un gioco gratuito!

Facile e veloce! Dai un'occhiata alla nostra collezione di libri di attività per il tuo prossimo momento di divertimento e **apprendimento,** a portata di clic!

Trova la tua prossima sfida su:

BestActivityBooks.com/MioProssimoLibro

Ai vostri posti, pronti...Via!

Sapevi che ci sono circa 7.000 lingue diverse nel mondo? Le parole sono preziose.

Amiamo le lingue e abbiamo lavorato duramente per creare libri di altissima qualità. I nostri ingredienti?

Una selezione di argomenti adatti all'apprendimento, tre buone porzioni di intrattenimento, una cucchiaiata di parole difficili e una spolverata di parole rare. Li serviamo con amore e entusiasmo in modo che tu possa risolvere i migliori giochi di parole e divertirti imparando!

La vostra opinione è essenziale. Puoi partecipare attivamente al successo di questo libro lasciandoci un commento. Ci piacerebbe sapere cosa ti è piaciuto di più di questa edizione.

Ecco un link veloce alla pagina dell'ordine:

BestBooksActivity.com/Recensione50

Grazie per il vostro aiuto e buon divertimento!

Tutta la squadra

1 - Scacchi

S	M	Y	Đ	T	N	Y	S	G	K	Z	V	P	Đ	M	O
I	T	I	Č	U	B	L	B	V	Y	N	Č	A	R	G	I
C	Z	O	W	B	C	K	S	U	J	A	P	S	B	D	K
U	R	A	J	I	G	E	T	A	R	T	S	I	K	I	R
G	A	N	Z	H	O	P	R	H	U	E	F	V	R	J	A
E	P	E	A	O	S	B	R	N	E	M	R	N	A	A	L
P	R	V	A	K	V	P	K	O	T	A	W	O	L	G	J
T	D	E	M	E	J	I	R	V	T	P	P	Đ	J	O	I
U	W	K	P	H	I	H	U	R	B	I	W	K	S	N	C
R	T	Č	I	G	R	A	I	T	T	H	V	F	H	A	A
N	C	O	P	R	A	V	I	L	A	F	G	N	Z	L	D
I	A	T	N	A	T	J	E	C	A	N	J	E	I	A	D
R	B	C	R	P	Ž	R	T	V	O	V	A	T	I	K	S
G	I	N	T	C	B	I	J	E	L	I	Đ	G	D	W	W
K	C	L	N	O	T	P	M	S	O	P	I	H	F	S	N
F	U	E	O	Đ	A	I	D	J	V	Đ	A	N	V	N	K

PROTIVNIK
BIJELI
PRVAK
NATJECANJE
DIJAGONALA
IGRAČ
IGRA
PAMETAN
CRNA
PASIVNO
UČITI
TOČKE
KRALJ
KRALJICA
PRAVILA
ŽRTVOVATI
IZAZOVI
STRATEGIJA
VRIJEME
TURNIR

2 - Salute e Benessere #2

A	J	I	C	K	E	F	N	I	T	E	Ž	I	N	A	D
C	N	B	K	E	N	E	R	G	I	J	A	E	G	N	I
I	I	A	O	R	Đ	M	S	B	V	W	H	P	A	E	J
N	H	N	T	L	V	K	F	F	F	E	K	U	P	J	E
L	P	A	J	O	E	G	E	N	E	T	I	K	A	I	T
O	R	R	V	A	M	S	C	Đ	K	F	T	K	V	G	A
B	O	H	I	O	L	I	T	A	P	E	T	I	T	I	J
K	B	S	D	W	J	K	J	C	F	V	S	A	H	H	I
H	A	I	L	O	U	Z	F	A	L	I	G	L	H	J	C
D	V	R	A	R	I	K	R	Ž	O	T	H	E	T	Đ	A
G	A	N	Z	O	Z	A	A	A	U	A	N	R	J	V	R
K	T	G	M	R	D	L	T	S	M	M	Y	G	B	J	D
M	F	A	J	I	R	O	L	A	K	I	L	I	V	A	I
N	H	P	G	L	A	C	V	M	W	N	V	J	M	E	H
B	F	F	H	R	V	T	I	J	E	L	O	A	P	S	E
G	S	P	T	F	E	S	W	H	L	J	S	B	V	T	D

ALERGIJA
ANATOMIJA
APETIT
KALORIJA
TIJELO
DIJETA
PROBAVA
DEHIDRACIJA
ENERGIJA
GENETIKA
HIGIJENA
INFEKCIJA
BOLEST
MASAŽA
ISHRANA
BOLNICA
TEŽINA
KRV
ZDRAV
VITAMIN

3 - Aggettivi #2

P	O	Z	N	A	T	I	K	I	Z	Z	P	F	F	I	Đ
D	Y	S	C	P	L	A	W	K	A	J	S	U	H	O	Z
W	Z	I	N	V	P	I	K	Y	N	A	D	A	L	G	P
K	R	E	A	T	I	V	N	I	I	A	Z	A	A	P	R
Z	A	L	S	P	C	I	O	R	M	K	L	H	C	L	I
D	N	V	O	E	R	J	Đ	J	L	Đ	J	S	Y	V	R
R	G	T	N	A	L	O	A	G	J	C	E	D	A	F	O
A	P	Y	O	D	I	E	D	B	I	N	S	I	P	O	D
V	D	P	P	J	F	T	G	U	V	V	W	Č	T	V	N
S	L	A	T	K	O	Đ	P	A	K	B	Y	I	Z	O	O
J	F	N	A	L	A	M	R	O	N	T	I	S	B	N	Z
D	R	A	M	A	T	I	Č	A	N	T	I	T	C	R	O
O	D	G	O	V	O	R	A	N	A	B	A	V	N	S	U
A	U	T	E	N	T	I	Č	N	O	Z	K	N	N	I	J
G	B	A	Đ	O	K	J	Z	Đ	A	F	Y	T	D	I	T
Đ	U	N	M	L	C	N	H	F	O	G	C	N	R	M	R

GLADAN
SUHO
AUTENTIČNO
KREATIVNI
OPISNI
SLATKO
DRAMATIČAN
ELEGANTAN
POZNATI
JAK
ZANIMLJIV
PRIRODNO
NORMALAN
NOVO
PONOSAN
PRODUKTIVNI
ČIST
ODGOVORAN
SLAN
ZDRAV

4 - Ingegneria

E	Z	Y	D	I	S	T	R	I	B	U	C	I	J	A	D
Đ	Y	F	J	D	D	I	J	A	G	R	A	M	E	Z	I
M	J	E	R	E	N	J	E	J	V	V	P	T	Đ	D	Z
H	T	P	R	N	N	P	U	Y	S	N	D	W	G	Z	E
I	Z	G	R	A	D	N	J	A	N	I	B	U	D	Đ	L
S	O	Y	A	B	J	W	D	E	N	E	R	G	I	J	A
T	T	S	K	C	N	I	S	P	A	R	E	T	S	T	Z
A	R	A	F	C	Z	P	C	S	O	E	S	P	N	E	U
E	L	I	B	A	P	O	A	A	L	J	I	O	A	K	P
F	O	V	P	I	L	W	Y	Z	T	M	K	G	G	U	Č
S	T	R	O	J	L	B	V	Đ	U	O	H	O	A	Ć	A
P	O	C	S	U	W	N	K	C	K	R	R	N	M	I	N
L	Z	F	A	P	B	T	O	D	G	P	N	F	O	N	I
S	O	Đ	D	H	Z	C	A	S	M	O	T	O	R	A	C
S	T	R	U	K	T	U	R	A	T	S	U	T	P	F	I
V	C	I	Z	R	A	Č	U	N	I	T	J	K	E	S	M

KUT
OS
IZRAČUN
IZGRADNJA
DIJAGRAM
PROMJER
DIZEL
DISTRIBUCIJA
ENERGIJA
SNAGA
ZUPČANICI
TEKUĆINA
STROJ
MJERENJE
MOTOR
DUBINA
POGON
ROTACIJA
STABILNOST
STRUKTURA

5 - Archeologia

J	P	Đ	P	I	K	A	M	K	B	N	A	O	U	D	R
G	O	E	I	S	U	O	Z	K	A	A	M	A	Z	D	F
Y	T	J	V	T	M	Z	S	I	P	M	S	F	N	I	Y
F	O	D	S	R	C	D	I	T	N	E	M	G	A	R	F
Y	M	H	V	A	B	O	D	Z	I	T	K	E	J	B	O
R	A	Đ	T	Ž	W	O	N	E	P	O	Z	N	A	T	B
H	K	A	T	I	C	R	E	L	I	K	V	I	J	A	Z
G	R	M	D	V	T	I	M	T	T	G	R	O	B	Z	A
K	D	A	B	A	M	I	S	T	E	R	I	J	A	I	B
D	S	T	M	Č	S	H	Đ	D	U	N	M	P	F	L	O
P	R	O	F	E	S	O	R	E	M	U	I	C	E	A	R
S	T	R	U	Č	N	J	A	K	N	A	O	D	O	N	A
U	C	H	S	N	H	F	O	S	I	L	G	U	O	A	V
S	G	C	I	V	I	L	I	Z	A	C	I	J	A	G	I
L	O	V	I	M	E	V	A	L	U	A	C	I	J	A	O
B	T	J	G	Y	J	V	W	V	M	L	E	C	E	V	C

ANALIZA
GODINE
CIVILIZACIJA
ZABORAVIO
POTOMAK
DOBA
STRUČNJAK
FOSIL
FRAGMENTI
MISTERIJA
OBJEKTI
KOSTI
PROFESOR
RELIKVIJA
ISTRAŽIVAČ
NEPOZNAT
TIM
HRAM
GROB
EVALUACIJA

6 - Salute e Benessere #1

K	T	V	M	I	Š	I	Ć	I	P	Y	D	Ž	I	B	Z
M	L	N	E	Đ	V	G	G	J	S	U	R	I	V	M	G
O	Y	I	J	N	O	F	L	P	D	Z	Ž	V	E	T	A
L	I	P	N	T	W	D	A	J	J	H	A	C	Z	J	A
O	I	J	E	I	M	B	D	O	H	A	N	I	S	I	V
V	O	J	Č	S	K	E	L	F	E	R	J	K	O	Ž	A
S	Z	R	E	U	Đ	A	N	R	A	K	E	J	L	O	N
Z	Z	L	J	K	B	A	K	T	E	R	I	J	E	P	O
U	A	L	I	T	M	J	H	O	R	M	O	N	I	U	C
N	U	J	L	H	L	I	J	F	U	Z	C	L	Z	Š	U
Đ	A	I	T	H	L	P	N	U	S	Z	L	V	Z	T	W
N	A	V	I	T	K	A	F	Đ	L	Y	R	R	I	A	T
E	U	H	I	A	L	R	H	L	W	D	Đ	S	J	N	W
H	J	I	W	K	J	E	M	M	K	T	V	O	K	J	D
Z	H	N	U	J	A	T	I	L	D	R	M	S	H	E	Y
L	I	J	E	Č	N	I	K	R	V	M	K	F	Đ	O	Y

NAVIKA
VISINA
AKTIVAN
BAKTERIJE
KLINIKA
GLAD
LJEKARNA
LOM
LIJEK
LIJEČNIK

MIŠIĆI
ŽIVCI
HORMONI
KOŽA
DRŽANJE
REFLEKS
OPUŠTANJE
TERAPIJA
LIJEČENJE
VIRUS

7 - Aggettivi #1

O	G	R	O	M	A	N	Đ	E	N	W	O	M	J	I	V
U	I	Y	K	R	A	F	Z	G	R	D	N	U	S	S	R
S	G	Y	R	K	Đ	C	O	Z	Z	D	A	M	L	K	I
P	Đ	U	Đ	S	F	H	E	O	N	A	Z	N	T	R	J
O	U	A	E	K	I	K	S	T	A	M	O	R	A	E	E
R	G	P	S	C	W	T	H	I	Š	N	I	R	Z	N	D
I	H	D	A	Y	M	F	E	Č	U	F	C	T	B	A	A
T	D	U	G	O	T	O	B	N	D	F	I	A	A	Č	N
I	Đ	Đ	V	D	L	N	C	O	O	W	B	W	P	I	A
S	A	S	J	E	Y	Đ	F	N	K	U	M	D	S	T	V
M	A	V	E	K	L	U	E	D	I	A	A	B	O	N	I
G	K	V	W	W	Y	I	D	A	L	M	N	M	L	E	T
H	L	C	R	K	V	A	K	Š	E	T	V	A	U	D	K
G	N	C	C	Š	Z	A	F	I	V	Đ	F	L	T	I	A
V	A	Ž	N	O	E	M	O	D	E	R	A	N	A	A	C
U	R	I	K	Č	I	N	T	E	J	M	U	Đ	N	P	N

AMBICIOZAN
AROMATSKI
UMJETNIČKI
APSOLUTAN
AKTIVAN
OGROMAN
EGZOTIČNO
VELIKODUŠAN
MLADI
VELIKI
IDENTIČAN
VAŽNO
USPORITI
DUGO
MODERAN
ISKREN
SAVRŠEN
TEŠKA
VRIJEDAN
TANAK

8 - Geologia

K	G	L	Y	J	Y	I	B	W	G	U	I	M	B	E	L
T	I	T	K	A	L	A	T	S	E	K	A	L	C	I	J
A	T	S	G	Đ	O	N	U	Đ	J	F	F	K	M	H	V
N	I	U	E	Y	S	T	Z	U	Z	P	H	O	I	V	U
Đ	M	L	W	L	L	A	V	A	I	Z	S	R	N	Z	L
W	G	E	B	E	I	D	O	G	R	P	C	A	E	A	K
S	A	E	F	Đ	V	N	F	O	S	I	L	L	R	Z	A
E	L	K	V	A	R	C	A	Đ	Z	I	Z	J	A	D	N
A	A	P	O	T	R	E	S	K	H	L	I	A	L	P	S
V	T	D	Đ	E	R	O	Z	I	J	A	K	G	I	S	M
I	S	O	S	M	N	K	B	L	O	T	A	L	P	R	I
S	L	O	J	T	R	S	F	W	Y	S	V	I	T	A	Y
B	T	W	J	Z	M	O	Y	J	Z	I	E	W	P	A	V
B	D	Đ	R	S	C	N	V	O	Đ	R	R	Y	P	C	F
K	O	N	T	I	N	E	N	T	M	K	N	E	M	A	K
V	E	H	G	S	U	K	M	H	G	Đ	A	U	B	I	F

KISELINA
PLATO
KALCIJ
KAVERNA
KONTINENT
KORALJA
KRISTALI
EROZIJA
FOSIL
GEJZIR
LAVA
MINERALI
KAMEN
KVARC
SOL
STALAGMITI
STALAKTIT
SLOJ
POTRES
VULKAN

9 - Campeggio

P	D	R	V	E	Ć	A	R	U	T	N	A	V	A	P	Š
D	L	S	O	Ž	N	T	V	R	E	D	R	M	R	R	U
M	Đ	A	L	U	P	R	J	I	B	M	T	H	E	I	M
H	A	P	N	O	Đ	A	W	Š	S	Z	A	H	W	R	A
Y	I	M	F	I	G	K	B	E	E	E	V	U	M	O	Đ
W	N	O	J	H	N	G	S	Š	F	C	Ć	I	K	D	K
Đ	W	K	Z	H	O	A	C	E	S	R	C	A	L	A	C
J	E	Z	E	R	O	H	T	J	Z	K	O	M	Y	Z	C
Z	A	B	A	V	A	K	A	N	U	U	H	I	K	L	L
K	A	B	I	N	A	T	P	I	F	K	V	Z	B	A	U
D	U	A	K	P	C	M	R	T	F	A	N	P	J	S	T
P	M	K	P	W	Z	T	S	O	O	C	E	S	E	J	M
Đ	C	M	I	Z	Đ	V	I	V	T	D	S	B	K	V	M
F	N	Y	T	P	V	G	Z	I	L	A	O	J	F	A	G
U	H	H	W	E	R	C	V	Ž	F	N	Š	I	J	E	K
F	I	U	A	N	A	P	I	Y	G	Z	T	G	V	S	T

DRVEĆA
VISEĆA
ŽIVOTINJE
AVANTURA
KOMPAS
KABINA
LOV
KANU
ŠEŠIR
UŽE

ZABAVA
ŠUMA
VATRA
KUKAC
JEZERO
MJESEC
KARTA
PLANINA
PRIRODA
ŠATOR

10 - Tempo

D	G	O	D	I	Š	N	J	I	A	S	D	Y	I	Z	G
E	J	I	R	P	F	C	P	U	W	T	W	S	F	J	C
S	T	R	E	N	U	T	A	K	S	O	P	Y	C	C	Z
E	G	L	R	T	V	N	V	J	Y	L	Đ	O	G	J	V
T	Y	O	Đ	E	Y	M	I	C	Z	J	P	Đ	D	L	E
L	S	E	D	C	N	A	K	O	N	E	R	I	Z	N	M
J	A	O	L	I	W	F	M	R	R	Ć	O	Đ	Y	B	E
E	N	R	N	O	N	C	J	T	M	E	V	E	U	M	U
Ć	A	Y	Đ	Ć	Y	A	C	U	J	Y	T	P	F	T	M
E	D	H	L	F	U	P	Z	J	E	M	O	L	A	J	I
E	J	G	E	N	K	D	P	G	S	J	E	E	R	E	N
R	Y	F	E	G	I	H	U	M	E	F	W	L	J	D	U
Y	T	Z	R	S	O	I	D	B	C	Đ	G	Đ	U	A	T
K	A	L	E	N	D	A	R	I	Y	S	F	S	Č	N	A
U	S	K	O	R	O	Z	H	G	O	B	G	C	E	O	R
L	Y	C	I	V	R	N	N	O	Ć	D	A	N	R	S	B

GODINA
GODIŠNJI
KALENDAR
DESETLJEĆE
NAKON
BUDUĆNOST
DAN
JUČER
JUTRO
MJESEC

PODNE
MINUTA
TRENUTAK
NOĆ
DANAS
SAT
USKORO
PRIJE
STOLJEĆE
TJEDAN

11 - Astronomia

J	V	Z	F	N	G	K	V	R	F	T	C	Đ	P	S	A
W	K	L	N	G	M	R	F	Đ	E	P	P	T	L	U	S
W	F	H	C	N	O	I	A	J	L	M	E	Z	A	P	T
S	S	R	A	A	N	D	C	V	R	W	H	O	N	E	R
C	I	H	M	N	O	B	E	N	I	B	P	K	E	R	O
N	N	R	G	Z	R	Z	S	W	M	T	T	G	T	N	N
K	K	H	A	R	T	V	E	W	E	O	A	P	A	O	A
G	A	L	A	K	S	I	J	A	V	U	K	C	C	V	U
R	R	Đ	Đ	P	A	G	M	R	S	M	O	C	I	A	T
Z	A	A	S	T	E	R	O	I	D	F	Z	K	L	J	V
L	B	K	D	L	D	H	B	B	B	E	M	Đ	G	M	A
R	G	Đ	E	J	N	E	Č	A	R	Z	O	Y	A	E	O
J	W	C	K	T	C	Z	W	I	M	H	S	H	M	T	N
R	Đ	N	P	L	A	T	E	L	E	S	K	O	P	E	Đ
Z	V	J	E	Z	D	A	R	N	I	C	A	E	O	O	M
E	K	V	I	N	O	C	I	J	A	H	B	I	Z	R	C

ASTEROID
ASTRONAUT
ASTRONOM
NEBO
KOZMOS
EKVINOCIJA
GALAKSIJA
GRAVITACIJA
MJESEC
METEOR
MAGLICA
ZVJEZDARNICA
PLANETA
ZRAČENJE
RAKETA
SUPERNOVA
TELESKOP
ZEMLJA
SVEMIR

12 - Algebra

O	L	B	E	S	K	O	N	A	Č	N	O	D	Đ	S	K
F	D	I	K	Đ	L	T	P	U	B	J	A	V	J	L	J
O	P	U	N	O	K	I	F	A	R	G	T	V	Z	A	Đ
R	R	V	Z	E	W	W	O	Y	U	J	F	I	P	Ž	V
M	O	S	B	I	A	L	B	A	J	I	R	A	V	N	A
U	B	U	N	Z	M	R	O	T	K	A	F	O	S	O	V
L	L	M	U	A	V	A	N	F	R	A	K	C	I	J	A
A	E	A	L	G	B	C	N	I	T	B	R	C	E	Đ	Y
D	M	L	A	R	B	I	U	J	N	Ž	J	K	W	U	F
H	I	E	R	A	R	R	F	G	E	D	E	U	I	J	T
F	W	J	A	D	O	T	K	S	N	A	Š	R	C	W	A
G	Y	D	A	A	J	A	J	U	O	N	E	C	S	O	L
S	O	O	A	G	N	M	V	Đ	P	D	N	M	N	T	D
O	J	P	Z	P	R	R	L	I	S	E	J	G	N	V	E
L	K	A	A	U	R	A	Y	M	K	J	E	Đ	Y	I	R
K	J	C	R	C	B	K	M	F	E	H	V	U	G	E	S

DIJAGRAM
PODJELA
JEDNADŽBA
EKSPONENT
LAŽNO
FAKTOR
FORMULA
FRAKCIJA
GRAFIKON
BESKONAČNO
LINEARNI
MATRICA
BROJ
ZAGRADA
PROBLEM
RJEŠENJE
SUMA
ODUZIMANJE
VARIJABLA
NULA

13 - Mitologia

B	S	S	L	E	Z	L	C	H	R	C	V	T	U	K	G
O	B	M	N	G	R	P	A	R	U	T	L	U	K	A	K
Ž	K	P	R	A	N	L	B	B	K	R	U	N	B	T	J
A	A	O	Đ	T	G	L	U	P	I	T	E	H	R	A	Đ
N	Y	N	A	Y	N	A	Đ	U	E	R	T	G	H	S	L
S	J	A	L	H	K	I	P	M	L	T	I	W	H	T	H
T	U	Š	O	Y	Y	Đ	K	E	I	T	Z	N	B	R	S
V	N	A	M	R	W	G	M	J	C	S	G	E	T	O	Č
A	A	N	D	E	L	B	I	N	B	O	R	A	Č	F	U
W	K	J	G	Z	W	E	G	A	J	N	U	M	F	A	D
H	I	E	V	Đ	Đ	Y	Z	R	W	T	G	A	A	K	O
Z	N	L	E	G	E	N	D	A	A	R	Y	U	O	R	V
G	T	W	J	N	Z	H	Đ	V	L	M	M	S	C	D	I
O	A	K	R	B	K	F	T	T	J	S	E	Y	Đ	P	Š
N	R	G	E	L	Z	B	B	S	V	E	P	S	M	B	T
I	L	J	U	B	O	M	O	R	A	B	J	K	P	Y	E

ARHETIP
PONAŠANJE
STVARANJE
KULTURA
KATASTROFA
BOŽANSTVA
JUNAK
SNAGA
MUNJA
LJUBOMORA
RATNIK
BESMRTNOST
LABIRINT
LEGENDA
ČAROBNI
SMRTNIK
ČUDOVIŠTE

14 - Piante

A	E	K	S	O	V	C	B	Y	H	V	B	U	M	L	Z
J	S	O	A	C	I	B	O	B	V	H	V	T	O	K	K
N	H	A	V	K	P	A	H	G	T	Y	A	N	G	S	Z
U	D	J	A	K	T	E	J	I	V	C	B	W	J	Y	B
L	W	O	R	A	R	U	B	A	M	B	U	S	Đ	B	L
Đ	O	O	T	V	V	W	S	K	M	A	E	G	H	M	Đ
D	M	B	B	C	A	Y	B	I	P	U	V	V	Z	K	Z
T	L	O	S	J	C	R	Z	N	H	Z	Š	E	L	R	I
M	A	H	O	V	I	N	A	A	W	N	M	G	T	U	Z
I	N	C	V	O	T	V	I	T	S	A	R	E	A	U	D
Y	E	K	R	T	A	S	J	O	B	J	P	T	C	C	B
I	J	G	D	F	L	Z	K	B	V	L	T	A	E	V	T
G	I	Đ	R	L	L	I	Š	Ć	E	Š	G	C	B	C	Z
A	R	O	L	F	G	A	C	U	B	R	R	I	T	H	L
M	O	M	G	N	O	J	I	V	O	B	A	J	P	M	J
M	K	V	V	L	O	R	V	E	T	A	H	A	T	D	V

DRVO
BOBICA
BAMBUS
BOTANIKA
KAKTUS
GRM
RASTI
BRŠLJAN
TRAVA
GRAH

GNOJIVO
CVIJET
FLORA
LIŠĆE
ŠUMA
VRT
MAHOVINA
LATICA
KORIJEN
VEGETACIJA

15 - Spezie

K	A	R	D	A	M	O	M	C	C	H	N	U	G	G	Z
L	L	M	B	D	Z	A	J	U	E	R	L	D	B	O	T
V	W	B	U	H	O	T	P	R	I	B	M	U	Đ	R	E
J	Đ	J	P	K	P	K	J	R	W	K	G	N	J	A	Đ
P	A	G	B	L	R	W	Đ	Y	E	U	F	B	S	K	F
A	Y	T	A	U	S	U	Y	W	F	O	N	T	L	D	T
P	S	P	W	Y	L	M	K	Y	J	K	N	I	A	S	A
A	P	A	P	R	I	K	A	Č	O	M	N	C	T	L	Z
R	Z	P	A	Z	P	O	A	T	E	M	I	C	K	U	F
K	O	R	I	J	A	N	D	E	R	Š	G	T	O	K	Š
F	E	N	K	D	I	Đ	W	J	O	L	N	W	E	N	A
P	B	O	T	Đ	Đ	L	C	J	S	Z	G	J	E	P	F
E	P	S	A	M	Đ	I	I	Đ	S	Y	N	S	A	W	R
S	H	B	L	O	P	B	Y	N	Z	O	M	B	P	K	A
O	H	E	S	O	K	U	S	Č	A	R	O	M	O	K	N
L	J	M	V	N	A	N	I	S	S	V	K	U	M	I	N

ČEŠNJAK
GORAK
ANIS
CIMET
KARDAMOM
LUK
KORIJANDER
KUMIN
KURKUMA
CURRY
SLATKO
KOMORAČ
OKUS
SLATKI
PAPRIKA
PAPAR
SOL
VANILIJA
ŠAFRAN
ĐUMBIR

16 - Numeri

S	P	I	E	M	O	N	H	O	N	D	S	O	W	V	S
H	G	O	B	W	R	W	H	S	T	V	E	P	U	P	V
I	U	M	Y	Y	B	S	F	A	M	A	D	E	S	E	R
C	H	M	Y	D	S	U	E	M	J	L	A	J	D	T	D
D	E	V	E	T	N	A	E	S	T	U	M	B	V	U	E
O	O	S	A	M	N	A	E	S	T	N	N	B	A	P	C
Č	D	V	A	N	A	E	S	T	R	S	A	D	D	L	I
A	E	D	E	S	E	T	L	J	V	T	E	V	E	D	M
Y	M	T	S	E	A	N	R	T	E	Č	S	Š	S	P	A
S	V	E	I	Đ	H	N	F	D	J	C	T	W	E	E	L
H	W	B	S	R	T	T	S	E	A	N	I	R	T	T	A
I	S	D	Đ	N	I	Š	E	S	N	A	E	S	T	N	R
Đ	N	W	B	S	Y	O	T	Y	F	H	Y	F	J	A	H
Đ	D	N	U	Đ	S	P	G	L	E	I	S	W	R	E	I
T	R	I	B	T	I	C	S	O	W	S	W	F	P	S	M
Đ	O	Y	Y	C	H	S	O	G	R	T	M	T	B	T	G

PET
DECIMALA
DEVETNAEST
SEDAMNAEST
OSAMNAEST
DESET
DVANAEST
DVA
DEVET
OSAM
ČETRNAEST
ČETIRI
PETNAEST
ŠESNAEST
ŠEST
SEDAM
TRI
TRINAEST
DVADESET
NULA

17 - Cioccolato

K	W	N	P	G	N	F	K	A	R	O	G	C	Z	A	O
I	T	S	E	J	J	O	A	K	A	K	W	G	I	H	M
K	N	A	Đ	T	M	Z	R	R	E	C	E	P	T	O	I
I	P	T	G	D	G	Z	A	D	S	L	A	T	K	O	L
R	P	R	A	H	B	O	M	K	U	Z	H	W	A	N	J
I	K	M	W	U	U	D	E	Z	K	R	O	Đ	J	Č	E
K	A	V	C	B	N	M	L	J	U	R	Y	I	O	I	N
I	G	R	A	T	G	Z	A	S	I	L	I	U	T	T	I
W	L	W	O	L	N	N	Z	R	K	R	V	H	S	O	V
J	S	N	T	M	I	J	L	M	S	Y	O	J	A	Z	N
Š	E	Ć	E	R	A	T	K	R	T	O	N	L	S	G	M
D	P	D	W	I	T	D	E	U	A	H	S	Y	A	E	H
K	H	N	K	I	J	P	R	T	N	I	U	W	F	K	Đ
B	O	M	B	O	N	E	D	A	A	P	K	S	T	Đ	Z
K	O	K	O	S	B	M	G	B	Z	H	U	T	J	A	Z
B	D	J	N	S	R	U	T	W	S	U	D	A	I	P	W

GORAK
KIKIRIKI
AROMA
ZANATSKI
KAKAO
KALORIJE
BOMBON
KARAMELA
UKUSNO
SLATKO
EGZOTIČNO
UKUS
SASTOJAK
JESTI
KOKOS
PRAH
OMILJENI
KVALITETA
RECEPT
ŠEĆER

18 - Immigrazione

D	J	K	O	M	U	N	I	K	A	C	I	J	A	H	G
Ć	O	M	O	P	V	O	Y	I	G	T	U	M	V	R	H
U	Y	K	K	R	Z	K	Z	N	Đ	E	P	D	U	Đ	N
H	Y	J	U	S	R	A	S	T	N	M	R	L	M	Y	S
P	R	M	C	M	Z	Z	A	J	I	C	A	U	T	I	S
Z	R	M	D	V	E	T	J	N	Đ	I	V	W	U	U	H
K	R	E	U	K	F	N	W	E	I	I	A	V	U	Đ	C
Z	J	J	G	S	G	R	T	R	Z	Z	J	R	R	O	K
A	E	N	M	O	Đ	A	U	I	Đ	I	J	I	S	N	K
Š	Š	E	Z	U	V	B	V	E	B	S	K	L	T	R	K
T	E	R	O	U	S	A	P	R	O	C	E	S	R	O	U
I	N	B	P	S	V	C	R	F	Y	C	J	A	E	M	Ć
T	J	O	B	D	H	E	V	A	F	B	J	R	S	Đ	I
A	E	D	U	S	Đ	J	L	E	N	C	P	D	P	D	Š
G	R	O	M	Y	N	D	V	D	R	J	N	O	K	A	T
F	M	G	R	A	N	I	C	E	U	K	E	Y	C	B	E

ODRASLI
POMOĆ
KUĆIŠTE
UPRAVA
ODOBRENJE
DJECA
KOMUNIKACIJA
DOKUMENTI
GRANICE

ZAKON
JEZIK
PROCES
ZAŠTITA
ROK
SITUACIJA
RJEŠENJE
STRES
PREGOVARANJE

19 - Guida

P	R	I	J	E	V	O	Z	G	H	H	W	S	J	O	B
N	A	U	T	O	B	U	S	L	O	E	M	W	I	P	C
E	Z	W	N	G	M	Đ	J	C	B	R	F	U	Đ	A	A
S	A	A	M	C	E	S	T	A	R	W	I	A	M	S	U
R	T	C	B	H	I	Đ	H	T	Z	I	T	V	B	N	T
E	M	N	H	P	V	U	J	R	I	W	C	P	O	O	O
Ć	T	E	M	O	R	P	F	A	N	Z	P	J	N	S	M
A	J	C	O	Đ	U	V	T	K	A	V	A	E	W	T	O
M	Đ	I	T	S	O	N	R	U	G	I	S	Š	W	B	B
O	B	L	O	O	R	U	K	G	I	Y	W	A	W	U	I
T	I	T	C	A	K	K	F	O	A	Đ	S	K	W	V	L
O	A	J	I	C	I	L	O	P	Č	R	T	U	N	E	L
R	D	V	K	G	I	G	D	K	Y	N	A	H	D	P	I
I	G	P	L	O	C	Đ	P	F	H	Đ	I	Ž	Z	L	H
L	T	M	Đ	F	I	P	O	F	Y	Z	S	C	A	I	P
Đ	T	U	I	T	Y	I	O	D	Y	J	G	U	E	N	V

AUTOMOBIL
AUTOBUS
GORIVO
KOČNICE
GARAŽA
PLIN
NESREĆA
LICENCA
KARTA
MOTOCIKL
MOTOR
PJEŠAK
OPASNOST
POLICIJA
SIGURNOST
CESTA
PROMET
PRIJEVOZ
TUNEL
BRZINA

20 - I Media

R	H	C	L	I	J	I	N	I	L	A	N	L	J	J	N
Y	O	J	N	D	H	A	Ž	E	R	M	E	B	I	Đ	O
Z	Z	P	Đ	Y	Đ	I	V	Y	I	I	Đ	K	Z	I	V
K	K	W	M	U	A	V	O	N	V	R	S	O	D	N	I
Č	I	N	J	E	N	I	C	E	O	I	P	M	A	D	N
R	M	S	F	U	Đ	C	E	N	V	S	D	U	N	U	E
A	P	B	H	O	G	F	F	C	A	I	T	N	J	S	J
V	E	D	C	R	T	D	P	P	T	P	R	I	E	T	N
A	Đ	D	N	J	B	O	T	N	S	O	A	K	B	R	A
M	P	T	T	T	A	D	G	Z	E	S	D	A	Đ	I	V
L	O	K	A	L	N	I	D	R	E	A	I	C	I	J	O
T	R	G	O	V	A	Č	K	I	A	Č	O	I	Z	A	Z
M	I	Š	L	J	E	N	J	E	T	F	M	J	M	K	A
T	E	L	E	V	I	Z	I	J	A	Đ	I	A	G	E	R
F	I	N	A	N	C	I	R	A	N	J	E	J	Y	D	B
D	I	G	I	T	A	L	N	I	Đ	P	C	Y	E	H	O

STAVOVI
TRGOVAČKI
KOMUNIKACIJA
DIGITALNI
IZDANJE
OBRAZOVANJE
ČINJENICE
FINANCIRANJE
FOTOGRAFIJE
NOVINE
INDUSTRIJA
LOKALNI
NA LINIJI
MIŠLJENJE
JAVNOST
RADIO
MREŽA
ČASOPISI
TELEVIZIJA

21 - Forza e Gravità

U	M	V	J	S	S	O	P	U	C	A	D	C	R	E	W
A	N	I	Z	R	B	R	F	L	D	N	B	W	M	Ć	E
O	M	I	F	E	U	B	J	A	A	A	K	I	Z	I	F
K	T	A	V	G	C	I	Đ	H	N	N	R	E	K	R	H
E	E	J	N	E	R	T	O	T	I	P	E	A	O	K	C
R	G	C	K	W	R	A	H	A	Ž	O	Z	T	C	T	V
M	E	K	R	I	M	Z	P	C	E	I	R	S	E	O	R
N	H	R	U	W	G	J	A	V	T	S	J	O	V	S	I
M	E	H	A	N	I	K	A	L	G	R	C	N	P	P	J
K	D	O	T	A	J	S	Đ	Đ	A	P	E	E	O	R	E
M	A	G	N	E	T	I	Z	A	M	N	N	J	K	I	M
P	R	O	Š	I	R	E	N	J	E	T	T	L	R	T	E
N	K	U	C	E	R	Z	T	Đ	E	I	A	A	E	I	P
W	Y	K	K	A	H	W	J	E	V	G	R	D	T	S	N
K	T	P	K	W	C	R	E	E	K	V	I	U	K	A	B
D	I	N	A	M	I	Č	A	N	S	B	C	M	F	K	W

OS
TRENJE
CENTAR
DINAMIČAN
UDALJENOST
PROŠIRENJE
FIZIKA
UDARAC
MAGNETIZAM
MEHANIKA

POKRET
ORBITA
TEŽINA
PLANETE
PRITISAK
SVOJSTVA
OTKRIĆE
VRIJEME
UNIVERZALAN
BRZINA

22 - Sport

I	W	C	Y	Š	H	M	A	Z	I	L	K	I	C	I	B
Z	M	V	S	A	T	E	J	I	D	T	E	T	G	I	H
D	I	L	V	T	N	T	Z	D	R	A	V	L	J	E	N
R	Š	Y	K	R	N	A	G	A	N	S	O	I	U	D	V
Ž	I	D	Z	O	B	B	R	E	N	E	R	T	K	A	G
L	Ć	G	I	P	Z	O	D	H	B	F	T	S	Y	S	Z
J	I	N	H	S	S	L	U	I	S	S	T	O	H	R	C
I	P	I	T	A	R	I	Z	I	M	I	S	K	A	M	I
V	L	G	P	V	O	Č	E	F	U	S	O	M	Đ	D	L
O	I	G	I	R	F	K	K	Z	V	P	N	O	O	T	J
S	V	O	O	J	O	I	P	M	W	O	B	L	T	E	N
T	A	J	W	O	L	G	N	Đ	E	R	O	G	P	P	O
B	T	O	B	M	E	C	R	U	C	T	S	P	L	E	S
Y	I	R	A	A	J	N	T	A	J	S	O	B	V	E	D
Đ	E	J	L	V	I	Y	E	C	M	K	P	T	D	U	G
T	D	P	W	F	T	A	L	W	G	I	S	L	E	Y	V

TRENER
SPORTAŠ
SPOSOBNOST
BICIKLIZAM
TIJELO
PLES
DIJETA
SNAGA
JOGGING
MAKSIMIZIRATI
METABOLIČKI
MIŠIĆI
PLIVATI
ISHRANA
CILJ
KOSTI
PROGRAM
IZDRŽLJIVOST
ZDRAVLJE
SPORTSKI

23 - Caffè

M	C	V	T	V	G	K	K	M	C	K	H	P	V	A	V
S	L	I	D	H	Y	A	O	K	A	U	W	R	V	G	Y
A	Z	I	J	T	H	M	F	Z	T	T	B	Ž	J	Z	C
J	K	A	J	E	A	N	E	M	V	Z	B	E	S	O	E
W	W	U	Đ	E	N	J	I	Z	L	A	V	N	E	V	G
S	N	A	F	T	K	A	N	T	Đ	G	O	A	N	R	C
H	W	W	E	Y	A	O	R	T	U	J	D	M	Y	B	G
A	C	R	F	E	G	C	R	W	V	D	A	E	H	Đ	Z
A	R	O	M	A	N	I	Ć	U	K	E	T	R	P	O	J
F	U	A	C	I	L	A	Š	N	D	T	D	K	G	F	R
L	A	R	T	S	O	K	I	L	O	N	Z	A	R	K	H
Đ	J	V	O	L	T	E	J	I	R	D	O	P	Y	I	G
O	K	U	S	Y	I	S	A	M	L	J	E	T	I	S	O
D	U	Đ	H	G	I	F	Š	E	Ć	E	R	S	I	E	R
Đ	O	H	W	N	L	O	B	S	V	M	Y	W	V	L	A
P	I	Ć	E	U	A	K	A	C	Y	I	S	N	G	O	K

KISELO
VODA
GORAK
AROMA
PRŽENA
PIĆE
KOFEIN
KREMA
FILTAR
OKUS

MLIJEKO
TEKUĆINA
SAMLJETI
JUTRO
CRNA
PODRIJETLO
CIJENA
ŠALICA
RAZNOLIKOST
ŠEĆER

24 - Uccelli

G	E	N	G	G	G	B	V	R	A	B	A	C	Z	Z	L
U	F	N	U	A	P	U	P	E	D	S	K	W	F	V	Y
D	V	G	L	C	V	W	S	D	U	C	T	A	B	U	T
J	A	J	E	I	V	E	U	K	B	L	A	T	N	B	O
J	G	F	N	V	T	G	A	F	A	J	P	R	A	J	U
J	E	O	T	A	N	I	T	E	L	I	P	C	E	F	C
K	W	K	L	K	S	F	L	A	M	I	N	G	O	S	A
Y	U	P	O	U	G	A	L	E	B	P	E	V	Y	P	N
P	S	A	K	K	B	R	Đ	H	R	I	T	P	N	E	E
Z	L	P	O	B	L	Đ	O	Z	E	N	G	P	B	L	K
F	M	I	S	Č	Y	K	E	D	I	G	V	O	V	I	F
J	L	G	R	A	K	S	V	B	A	V	N	A	M	K	T
C	P	A	U	P	I	E	O	M	I	I	L	U	M	A	P
W	I	S	K	L	S	H	R	S	O	N	W	I	A	N	U
O	A	T	B	J	O	N	A	L	B	Y	P	P	N	W	H
Y	N	W	A	A	H	A	O	F	R	P	T	G	S	U	O

ČAPLJA
PATKA
ORAO
RODA
LABUD
KUKAVICA
SOKOL
FLAMINGO
GALEB
GUSKA
PAPIGA
VRABAC
PAUN
PELIKAN
GOLUB
PINGVIN
PILETINA
NOJ
TOUCAN
JAJE

25 - Giorni e Mesi

V	M	W	B	W	L	O	M	P	U	G	P	J	A	L	P
M	K	T	J	E	D	A	N	W	Z	Y	R	D	V	I	O
L	V	A	J	L	E	J	D	E	N	L	O	I	T	S	N
S	I	B	L	U	T	O	R	A	K	W	S	Y	T	T	E
D	S	P	I	E	J	N	A	Č	E	J	I	S	R	O	D
S	R	Z	A	C	N	R	U	J	A	N	N	K	A	P	J
Đ	P	S	A	N	I	D	O	G	Z	R	A	R	V	A	E
N	A	C	V	N	J	H	A	I	P	C	C	J	A	D	L
S	N	O	C	K	S	E	B	R	A	T	Đ	A	N	O	J
T	J	D	A	C	Y	L	G	V	T	K	A	U	J	P	A
U	S	R	I	J	E	D	A	K	O	L	O	V	O	Z	K
D	T	A	N	M	B	S	R	S	B	A	M	M	Y	Đ	A
E	F	E	F	U	K	Y	E	O	U	M	Y	A	O	E	T
N	V	E	L	J	A	Č	A	J	S	U	R	O	S	L	E
I	A	Z	T	L	J	M	N	D	M	Z	U	K	N	T	P
B	F	S	Z	M	E	C	C	T	K	U	J	R	T	Z	Z

KOLOVOZ
GODINA
TRAVANJ
KALENDAR
PROSINAC
NEDJELJA
VELJAČA
SIJEČANJ
LIPANJ
SRPANJ

PONEDJELJAK
UTORAK
SRIJEDA
MJESEC
STUDENI
LISTOPAD
SUBOTA
RUJAN
TJEDAN
PETAK

26 - Casa

O	K	P	W	K	W	L	Z	O	H	S	Y	T	W	Y	O
F	D	U	W	U	A	K	J	L	I	T	E	J	V	S	G
O	B	D	H	D	U	S	N	A	P	R	S	O	B	A	R
H	M	Đ	Z	I	P	H	P	D	E	O	V	W	S	C	A
V	J	V	V	Z	N	L	B	E	T	P	H	W	H	F	D
G	R	H	W	K	D	J	Đ	L	Y	A	L	T	E	M	A
L	Z	S	C	G	R	T	A	G	A	C	K	S	L	U	P
P	R	O	Z	O	R	H	U	O	I	I	D	I	E	N	Z
G	D	Y	H	H	E	E	V	Š	K	N	I	M	A	K	W
T	U	M	I	J	V	P	L	L	A	Ž	A	R	A	G	M
C	U	V	B	N	O	V	R	Đ	T	I	N	E	Z	F	J
C	Đ	S	M	L	Đ	E	P	T	N	J	I	K	Y	B	O
G	W	G	Z	T	L	V	P	Y	J	N	V	O	R	K	T
Z	L	D	V	R	A	T	A	K	G	K	A	F	V	P	S
P	O	T	K	R	O	V	L	J	E	E	L	O	I	C	U
V	R	T	D	T	W	Z	B	T	L	F	S	Y	L	E	O

POTKROVLJE
KNJIŽNICA
SOBA
KAMIN
KUHINJA
TUŠ
PROZOR
GARAŽA
VRT
SVJETILJKA
ZID
KAT
VRATA
OGRADA
SLAVINA
METLA
STROP
OGLEDALO
TEPIH
KROV

27 - Ristorante #1

K	R	B	H	I	T	A	J	N	I	H	U	K	K	J	K
W	E	L	J	M	T	P	L	Z	H	I	C	B	E	E	O
G	Z	A	U	B	R	U	S	E	U	A	O	I	I	L	N
P	E	G	T	D	T	C	A	T	R	E	A	V	B	O	O
V	R	A	B	A	K	A	P	I	K	G	I	I	H	V	B
M	V	J	S	Đ	N	Y	D	C	J	E	I	C	M	N	A
C	A	N	P	H	O	J	U	M	A	K	N	J	J	I	R
G	C	I	T	S	E	J	U	W	N	R	T	O	A	K	I
Z	I	K	O	Ž	O	N	T	R	Y	R	U	T	R	I	C
L	J	N	V	K	S	C	V	M	Z	E	K	S	V	H	A
W	A	P	I	L	E	T	I	N	A	D	A	A	H	R	N
P	Y	O	R	E	M	Z	K	A	V	A	J	S	D	A	G
D	E	S	E	R	T	M	O	Z	W	T	U	E	Y	N	R
C	F	M	C	J	H	K	G	O	R	E	F	A	L	A	M
K	E	U	F	C	R	J	H	L	O	U	H	H	S	A	J
O	Y	K	N	W	G	E	G	Y	U	B	Đ	G	V	T	N

ALERGIJA
KAVA
KONOBARICA
MESO
BLAGAJNIK
HRANA
ZDJELA
NOŽ
KUHINJA
DESERT
SASTOJCI
JESTI
JELOVNIK
KRUH
TANJUR
AKUTNI
PILETINA
REZERVACIJA
UMAK
UBRUS

28 - Fantascienza

T	I	N	E	V	T	S	N	A	J	A	T	R	J	I	Y
E	K	A	P	R	A	J	I	P	O	T	S	I	D	L	O
H	S	Č	C	R	E	T	E	G	C	E	O	P	K	U	U
N	M	I	I	Z	O	A	R	Z	P	N	N	H	A	Z	T
O	O	T	G	A	H	R	L	A	E	A	J	L	J	I	O
L	T	S	T	I	R	C	O	N	S	L	A	F	I	J	P
O	A	A	J	N	O	G	Z	Č	O	P	R	U	S	A	I
G	B	T	K	N	J	I	G	E	I	C	K	P	K	P	J
I	Z	N	Z	L	W	N	E	J	L	Š	I	M	A	Z	A
J	M	A	S	V	I	J	E	T	L	G	T	W	L	P	K
A	N	F	A	J	I	Z	O	L	P	S	K	E	A	T	I
F	U	T	U	R	I	S	T	I	Č	K	I	Z	G	J	N
L	U	B	R	G	Z	O	A	I	W	V	K	R	G	Z	O
S	P	N	C	A	R	C	O	O	B	N	E	B	E	J	K
G	F	U	D	C	N	P	Đ	I	T	P	G	H	R	Đ	W
R	O	B	O	T	I	Y	Đ	D	A	A	N	Z	K	F	B

ATOMSKI
KINO
DISTOPIJA
EKSPLOZIJA
KRAJNOST
FANTASTIČAN
VATRA
FUTURISTIČKI
GALAKSIJA
ILUZIJA

ZAMIŠLJEN
KNJIGE
TAJANSTVENI
SVIJET
PROROČIŠTE
PLANETA
REALNO
ROBOTI
TEHNOLOGIJA
UTOPIJA

29 - Città

Z	H	K	B	F	K	U	S	Z	G	Đ	H	A	P	Z	C
S	R	P	O	A	T	T	F	T	M	E	P	Z	U	C	V
V	P	A	S	B	C	A	N	R	A	K	E	J	L	P	J
E	O	K	Č	U	H	M	S	H	C	D	O	V	C	E	E
U	H	N	T	N	P	W	Đ	W	V	M	I	U	R	K	Ć
Č	R	A	R	K	A	E	B	Đ	Y	H	P	O	L	A	A
I	A	B	Ž	N	C	L	R	I	Đ	Đ	J	N	N	R	R
L	N	D	I	J	I	K	U	M	K	J	M	I	U	A	H
I	I	E	Š	I	N	Đ	W	K	A	O	G	K	Y	I	T
Š	T	B	T	Ž	Ž	B	S	T	A	R	M	U	Z	E	J
T	I	I	E	A	I	W	P	B	K	Š	K	K	C	H	U
E	K	V	S	R	J	D	J	P	I	K	M	E	N	N	H
T	R	G	T	A	N	T	D	R	N	O	H	V	T	W	O
W	H	Z	H	K	K	E	T	Š	I	L	A	Z	A	K	T
C	G	A	L	E	R	I	J	A	L	A	U	U	B	O	E
E	A	G	E	Y	U	M	G	S	K	U	N	G	W	C	L

ZRAČNA LUKA
BANKA
KNJIŽNICA
KINO
KLINIKA
LJEKARNA
CVJEĆAR
GALERIJA
HOTEL
KNJIŽARA
TRŽIŠTE
MUZEJ
POHRANITI
PEKARA
ŠKOLA
STADION
SUPERMARKET
KAZALIŠTE
SVEUČILIŠTE

30 - Fattoria #1

P	E	F	M	G	V	L	K	P	Z	O	U	F	D	D	T
S	O	N	E	J	I	S	R	S	Č	Y	N	P	N	K	Đ
V	D	L	F	V	T	J	A	Y	J	E	Đ	A	M	H	U
I	A	Z	J	Y	T	V	V	K	N	E	L	D	U	H	I
N	T	R	E	O	U	A	A	Z	O	K	M	A	Ž	I	R
J	S	E	Đ	S	P	Z	L	M	K	S	E	E	A	C	S
A	H	O	V	O	P	R	N	P	F	V	O	W	N	E	K
K	Z	B	O	J	O	V	I	J	O	N	G	K	I	K	S
Č	R	L	D	E	M	T	G	V	R	W	V	L	T	B	E
A	F	V	A	R	Y	B	S	C	R	D	O	W	E	U	O
M	A	G	A	R	A	C	P	A	S	E	B	J	L	J	O
N	C	B	J	V	Z	S	B	A	C	J	D	Đ	I	U	D
O	G	R	A	D	A	R	S	T	H	L	F	A	P	D	B
Z	S	P	V	V	K	S	E	O	K	O	C	I	D	P	V
T	G	T	P	W	C	C	W	D	P	P	T	A	C	G	F
J	C	U	W	E	W	J	P	S	T	J	U	T	E	L	E

VODA
POLJOPRIVREDA
PČELA
MAGARAC
POLJE
PAS
KOZA
KONJ
GNOJIVO
SIJENO
MAČKA
STADO
SVINJA
MED
KRAVA
PILETINA
OGRADA
RIŽA
SJEMENKE
TELE

31 - Psicologia

I	P	P	Z	R	Đ	S	R	F	S	T	U	B	E	O	U
R	D	U	F	T	E	E	E	Đ	P	S	V	U	S	S	T
J	F	E	U	U	L	G	O	I	O	G	E	S	N	J	J
K	P	B	J	G	D	W	V	A	Z	C	B	Y	O	E	E
U	T	V	J	E	L	E	T	Đ	N	F	C	E	V	Ć	C
F	S	O	E	C	B	V	S	W	A	V	M	J	I	A	A
P	O	N	A	Š	A	N	J	E	J	G	O	I	Z	J	J
I	N	S	J	K	P	B	N	T	A	H	T	C	S	W	I
P	R	E	I	L	R	E	I	S	E	J	I	O	Đ	L	I
R	A	J	C	I	O	K	T	O	I	R	J	M	G	Y	I
O	V	V	P	N	C	Đ	E	N	E	Y	A	E	M	Đ	V
B	T	S	E	I	J	C	J	B	K	Z	W	P	D	R	B
L	S	E	C	Č	E	V	D	O	L	J	A	D	I	O	Z
E	Y	N	R	K	N	V	F	S	S	U	K	O	B	J	N
M	W	T	E	I	A	P	A	O	L	H	B	A	O	B	A
S	J	N	P	I	S	K	U	S	T	V	A	S	P	B	S

KLINIČKI
SPOZNAJA
PONAŠANJE
SUKOB
EGO
EMOCIJE
ISKUSTVA
IDEJE
NESVJESNO
DJETINJSTVO
UTJECAJI
MISLI
PERCEPCIJA
OSOBNOST
PROBLEM
STVARNOST
OSJEĆAJ
SNOVI
TERAPIJA
PROCJENA

32 - Paesaggi

P	A	D	Š	J	J	D	U	W	K	T	D	V	M	L	N
O	C	O	P	P	D	U	G	Z	U	W	P	B	V	L	T
L	K	U	I	L	Đ	I	R	E	C	D	R	Y	J	T	P
U	T	J	L	S	M	V	Y	C	J	I	N	R	Y	M	T
O	B	M	J	K	O	W	O	K	F	Z	C	S	B	U	O
T	A	W	A	O	T	O	K	Z	B	J	I	O	W	B	C
O	R	D	J	M	P	L	A	N	I	N	A	R	D	K	E
K	T	U	N	D	R	A	O	A	D	P	L	A	Ž	A	A
P	N	Z	I	A	W	C	A	K	P	O	G	B	A	C	N
B	L	I	T	P	K	N	Z	L	A	F	L	N	V	U	L
R	V	A	S	O	T	L	A	U	Z	I	A	I	U	F	C
I	A	R	U	D	N	L	A	V	S	Z	Y	W	N	Đ	N
J	Y	K	P	O	B	N	J	E	Z	E	R	O	Y	A	S
E	R	O	M	V	N	R	L	E	D	E	N	J	A	K	F
K	B	F	R	I	C	E	D	V	V	D	M	I	N	L	Z
A	R	A	V	Č	O	M	M	O	A	L	E	D	E	N	A

VODOPAD
BRDO
PUSTINJA
RIJEKA
GEJZIR
LEDENJAK
ŠPILJA
LEDENA
OTOK
JEZERO
MORE
PLANINA
OAZA
OCEAN
MOČVARA
POLUOTOK
PLAŽA
TUNDRA
DOLINA
VULKAN

33 - Energia

U	A	K	O	W	T	A	O	B	N	O	V	L	J	I	V
A	J	L	B	R	E	J	N	E	Đ	A	G	A	Z	B	L
N	G	A	G	O	R	I	V	O	D	C	V	Z	I	T	C
O	K	O	L	I	Š	P	B	A	T	E	R	I	J	A	D
I	F	O	T	O	N	O	T	N	G	Z	V	Đ	D	R	D
N	N	Đ	N	Y	D	R	K	O	A	C	Z	O	W	A	W
U	I	D	J	G	A	T	W	R	P	B	W	V	D	P	I
K	Z	O	U	T	E	N	S	T	B	L	N	O	O	I	F
L	N	V	R	S	D	E	N	K	V	E	I	P	U	F	K
E	E	M	J	Đ	T	B	N	E	Z	Z	O	N	Z	T	I
A	B	W	F	I	I	R	I	L	S	I	F	R	A	U	J
R	L	D	B	V	L	O	I	E	F	D	Z	P	H	R	L
N	S	F	M	R	A	T	E	J	V	O	F	S	N	B	G
I	N	O	N	E	S	O	G	A	A	P	N	L	L	I	U
B	I	I	B	C	Z	M	O	G	B	H	G	T	G	N	F
E	E	L	E	K	T	R	I	Č	N	I	F	Đ	K	A	W

OKOLIŠ
BATERIJA
BENZIN
TOPLINA
UGLJIK
GORIVO
DIZEL
ELEKTRIČNI
ELEKTRON
ENTROPIJA

FOTON
VODIK
INDUSTRIJA
ZAGAĐENJE
MOTOR
NUKLEARNI
OBNOVLJIV
TURBINA
PARA
VJETAR

34 - Ristorante #2

U	S	W	B	U	F	A	M	T	L	F	L	K	H	A	P
P	T	H	V	K	R	G	E	J	R	B	Đ	L	F	B	R
U	O	F	D	U	K	N	Y	Đ	W	W	A	J	T	V	E
R	L	R	K	S	V	I	L	I	C	A	T	R	O	T	D
A	I	A	K	N	H	U	N	R	I	B	A	P	D	U	J
O	C	N	B	O	Y	D	F	I	D	N	L	O	A	W	E
R	A	B	O	N	O	K	A	E	Č	L	A	V	R	Đ	L
G	J	H	P	T	Đ	K	J	P	K	A	S	R	O	V	O
K	A	Č	U	R	T	R	R	E	C	R	Z	Ć	Z	Đ	C
Y	J	R	L	J	S	O	L	R	B	E	N	E	M	N	S
F	J	A	E	V	V	W	C	D	T	Č	P	V	O	Ć	E
P	F	Z	D	Đ	L	S	Đ	V	S	E	I	U	L	O	N
Z	I	V	T	O	G	L	Y	J	T	V	Ć	I	Z	D	U
Z	Đ	Đ	K	N	V	Ž	L	I	C	A	E	N	U	S	I
I	A	A	S	D	B	O	N	R	Z	Y	K	Y	S	Y	K
M	S	F	G	O	L	Y	N	H	L	A	S	O	L	P	E

VODA
PREDJELO
PIĆE
KONOBAR
VEČERA
ŽLICA
UKUSNO
VILICA
VOĆE
LED
SALATA
JUHA
RIBA
RUČAK
SOL
STOLICA
ZAČINI
TORTA
JAJA
POVRĆE

35 - Giardino

T	Y	W	V	F	V	T	D	G	J	Đ	H	T	S	W	T
R	D	M	O	N	G	T	M	K	A	J	N	B	I	R	R
A	V	D	R	G	R	M	W	L	D	R	U	V	Y	F	A
V	C	T	Z	M	M	V	U	J	A	F	A	G	N	M	M
N	G	N	D	A	I	S	I	Đ	R	V	M	Ž	J	K	P
J	O	Y	J	M	L	O	Z	A	G	B	N	I	A	L	O
A	V	R	W	D	Z	K	F	M	O	Y	L	J	L	U	L
K	R	H	B	T	C	R	I	J	E	V	O	A	Đ	P	I
A	T	B	R	E	J	L	B	A	R	G	Z	Đ	R	A	N
E	K	D	T	J	K	O	R	O	V	E	B	D	E	M	C
C	O	N	R	I	B	L	V	S	D	A	T	A	P	O	L
C	I	W	F	V	V	T	F	D	M	P	Ć	H	R	P	Y
Đ	Đ	H	S	C	O	T	R	A	V	A	F	E	W	C	L
N	B	K	H	G	Z	G	S	G	T	E	R	A	S	A	Y
C	L	M	F	O	U	N	O	U	P	Z	I	F	N	I	I
P	W	Y	V	O	Ć	N	J	A	K	R	Đ	H	O	R	V

DRVO
VISEĆA
GRM
TRAVA
KOROV
CVIJET
VOĆNJAK
GARAŽA
VRT
LOPATA
KLUPA
TRAVNJAK
GRABLJE
OGRADA
RIBNJAK
TLO
TERASA
TRAMPOLIN
CRIJEVO
LOZA

36 - Riscaldamento Globale

S	I	C	E	K	V	I	I	G	J	A	E	B	Z	Z	C
D	T	I	V	I	L	N	C	F	Z	V	N	U	N	A	C
I	Đ	A	R	A	A	D	I	U	Z	V	E	D	A	K	H
V	D	B	N	A	D	O	T	M	E	T	R	U	N	O	Đ
P	T	K	I	O	A	R	I	Z	B	C	G	Ć	S	N	Z
I	O	C	L	R	V	A	Z	I	R	K	I	N	T	O	P
G	Y	D	P	Đ	Đ	N	S	A	D	A	J	O	V	D	I
K	E	H	A	A	B	U	I	T	J	I	A	S	E	A	N
F	Z	N	S	C	Y	Đ	H	Š	S	P	M	T	N	V	D
D	A	H	E	G	I	E	Z	I	T	U	D	K	I	S	U
I	F	P	P	R	L	M	S	N	A	V	Đ	L	K	T	S
M	A	J	N	Ž	A	P	H	A	H	S	O	I	U	V	T
A	R	K	T	I	K	C	J	T	N	K	H	M	A	O	R
Y	N	M	Z	V	Đ	O	I	S	E	P	E	A	C	L	I
Z	O	T	O	W	T	G	V	J	O	V	Z	A	R	Đ	J
C	F	I	K	Š	O	L	O	K	E	H	Y	V	Y	Y	A

EKOLOŠKI
ARKTIK
PAŽNJA
KLIMA
KRIZA
PODACI
ENERGIJA
BUDUĆNOST
PLIN
GENERACIJE

VLADA
STANIŠTA
INDUSTRIJA
MEĐUNARODNI
ZAKONODAVSTVO
SADA
STANOVNIŠTVO
ZNANSTVENIK
RAZVOJ

37 - Frutta

R	A	J	N	I	D	Z	C	E	W	A	N	G	O	T	S
V	V	N	Z	V	N	C	O	T	H	V	A	R	M	W	Z
Đ	K	U	A	V	K	S	E	R	B	O	R	O	A	O	B
D	O	M	V	N	K	S	O	A	M	K	A	Ž	R	U	B
K	M	I	I	T	A	Z	W	C	O	A	N	Đ	E	V	E
K	S	L	J	D	N	S	D	D	V	D	Č	E	L	O	G
I	R	W	L	B	A	Y	Đ	R	H	O	A	V	I	A	I
L	P	U	Š	Z	N	D	L	N	Đ	Đ	S	U	C	I	D
R	S	A	Š	Y	A	W	P	A	P	A	J	A	A	J	S
S	T	N	K	K	B	O	K	W	C	P	Z	K	R	A	M
P	F	C	K	G	A	P	E	E	O	I	V	I	K	B	A
E	T	R	E	Š	N	J	A	W	G	J	B	U	Z	U	L
Đ	E	E	J	E	K	U	P	I	N	A	O	O	W	K	I
Đ	J	E	Đ	W	Đ	E	T	F	A	Z	N	E	B	A	N
H	E	Đ	K	O	L	H	Đ	E	M	E	J	P	H	S	A
E	V	U	B	J	C	E	T	B	W	V	W	I	F	Đ	R

MARELICA
ANANAS
NARANČA
AVOKADO
BOBICA
BANANA
TREŠNJA
SMOKVA
KIVI
MALINA
LIMUN
MANGO
JABUKA
DINJA
KUPINA
PAPAJA
KRUŠKA
BRESKVA
ŠLJIVA
GROŽĐE

38 - Fattoria #2

P	M	N	P	H	S	L	A	M	E	Ć	O	V	W	O	K
K	A	O	I	Đ	T	T	I	P	K	U	K	U	R	U	Z
O	Č	S	L	B	A	J	D	V	Y	U	A	L	O	A	D
Š	E	N	T	E	J	N	I	T	O	V	I	Ž	Đ	L	R
N	J	Z	P	I	A	A	Đ	A	A	S	T	U	D	H	I
I	G	E	G	D	R	G	U	S	K	E	D	Y	J	R	J
C	N	A	V	O	D	N	J	A	V	A	N	J	E	A	G
A	M	M	W	U	W	A	E	C	D	W	M	I	Z	N	P
P	E	C	L	R	E	N	T	N	M	B	O	M	C	A	B
H	Š	V	E	I	Y	I	G	P	D	Z	R	W	K	R	U
O	L	E	R	Z	J	T	L	E	P	A	T	K	A	O	T
P	V	P	N	M	Z	E	G	C	W	Z	I	D	V	T	V
B	U	I	W	I	P	J	K	V	O	Ć	N	J	A	K	Y
K	O	T	M	P	C	N	F	O	L	I	V	A	D	A	S
Y	J	Y	Y	B	U	A	D	W	Y	H	V	V	Đ	R	L
O	L	K	A	C	U	J	J	H	Đ	G	E	L	T	T	F

JANJETINA
KOŠNICA
PATKA
ŽIVOTINJE
HRANA
STAJA
VOĆE
VOĆNJAK
PŠENICA
NAVODNJAVANJE

LAME
MLIJEKO
KUKURUZ
ZRELO
GUSKE
JEČAM
PASTIR
OVCE
LIVADA
TRAKTOR

39 - Verdure

Y	B	Č	B	U	N	D	E	V	A	B	W	W	J	P	G
E	P	E	V	N	B	R	Y	D	H	R	U	I	Đ	E	L
T	E	Š	N	F	A	J	C	J	S	I	E	A	J	R	J
D	J	N	R	A	L	U	K	O	R	B	M	P	C	Š	I
L	U	J	N	T	A	N	I	P	Š	M	L	F	A	I	V
R	K	A	Š	A	R	G	D	U	T	U	P	V	V	N	A
O	C	K	I	L	K	F	T	C	B	Đ	C	K	A	J	B
T	L	O	B	A	U	K	N	A	Ž	D	I	L	T	A	P
K	T	E	I	S	A	K	O	Č	I	T	R	A	S	E	W
V	B	U	I	T	P	U	K	C	E	L	E	R	A	Đ	G
I	N	J	N	M	R	L	H	O	B	I	M	M	R	U	U
C	R	A	J	Č	I	C	A	V	Z	V	Đ	R	K	U	P
A	Y	H	A	E	D	E	L	V	G	J	G	R	K	G	T
Y	Y	S	N	K	R	U	M	P	I	R	A	N	M	V	R
H	T	I	Z	Z	P	F	S	F	W	S	A	K	U	P	A
V	O	P	R	W	F	Đ	A	F	U	R	Đ	A	P	H	E

ČEŠNJAK
BROKULA
ARTIČOKA
MRKVA
KRASTAVAC
LUK
GLJIVA
SALATA
PATLIDŽAN
KRUMPIR

GRAŠAK
RAJČICA
PERŠIN
REPA
ROTKVICA
LUK KOZJAK
CELER
ŠPINAT
ĐUMBIR
BUNDEVA

40 - Musica

M	U	Y	P	I	N	Č	I	S	A	L	K	R	B	P	R
N	I	E	A	C	N	B	M	H	A	K	K	I	A	J	I
V	G	K	T	R	V	S	Z	D	M	I	I	T	L	E	T
N	E	H	R	O	B	Z	T	S	O	Z	O	M	A	V	A
A	J	I	D	O	L	E	M	R	G	U	N	I	D	A	M
I	M	B	H	R	F	V	M	Y	U	J	R	Č	A	Č	P
T	W	S	D	V	W	O	R	R	Đ	M	W	A	H	V	J
A	T	K	A	J	K	A	N	H	L	E	E	N	B	W	E
V	L	S	N	I	M	A	N	J	E	N	U	N	N	M	S
E	A	B	V	O	K	A	L	N	I	S	V	D	T	A	N
J	O	T	U	H	A	R	M	O	N	I	J	S	K	I	I
P	Y	O	R	M	Y	O	P	E	R	A	V	N	U	K	Č
T	Đ	P	J	K	B	I	M	T	U	P	P	U	E	S	K
C	Y	K	Đ	W	L	R	T	Z	O	U	Đ	A	K	R	I
S	K	L	A	D	U	A	K	C	L	U	P	D	L	I	U
G	L	A	Z	B	E	N	I	K	Z	F	V	F	N	L	R

ALBUM
SKLAD
HARMONIJSKI
BALADA
PJEVAČ
PJEVATI
KLASIČNI
ZBOR
LIRSKI
MELODIJA

MIKROFON
MJUZIKL
GLAZBENIK
OPERA
PJESNIČKI
SNIMANJE
RITMIČAN
RITAM
INSTRUMENT
VOKALNI

41 - Barbecue

Z	G	J	I	V	E	Ž	O	N	R	R	P	D	Z	U	R
P	L	S	G	R	Ć	U	W	V	U	C	M	A	D	U	D
I	A	O	R	C	O	K	E	Đ	Č	O	J	L	P	F	V
L	Z	E	E	C	V	Š	N	Z	A	T	R	G	L	A	O
E	B	P	C	I	U	Đ	T	K	K	A	M	U	A	R	R
T	A	V	I	Z	O	P	A	I	U	P	L	Đ	S	E	L
I	Z	G	Č	W	T	N	K	U	L	O	S	L	R	Č	Y
N	P	Z	J	L	E	T	I	B	O	J	S	Z	N	E	N
A	Đ	N	A	L	Ć	D	E	S	A	L	A	T	E	V	L
L	Y	B	R	Y	U	U	V	C	A	F	E	F	B	R	G
U	O	O	D	C	R	H	V	H	S	Y	P	E	V	C	U
I	L	B	H	Đ	V	P	F	R	Y	U	K	W	S	K	Z
P	O	J	Đ	K	Z	M	G	A	J	G	Y	Đ	H	F	R
S	Y	V	E	E	G	M	K	N	C	V	D	H	I	Z	D
A	V	S	M	T	H	K	U	A	A	T	S	Z	H	N	M
E	L	Đ	K	F	O	O	D	U	C	J	F	F	F	E	T

VRUĆE
VEČERA
HRANA
LUK
NOŽEVI
LJETO
GLAD
OBITELJ
VOĆE
IGRE
ROŠTILJ
SALATE
POZIV
GLAZBA
PAPAR
PILETINA
RAJČICE
RUČAK
SOL
UMAK

42 - Fisica

B	R	Z	I	N	A	L	B	M	O	T	A	V	L	O	Č
T	T	R	A	M	A	Z	I	T	E	N	G	A	M	F	E
P	R	O	Š	I	R	E	N	J	E	H	E	H	V	M	S
S	F	O	R	M	U	L	A	T	P	Z	A	Đ	K	T	T
R	E	L	A	T	I	V	N	O	S	T	P	N	I	P	I
U	N	I	V	E	R	Z	A	L	A	N	G	L	I	C	C
G	R	A	V	I	T	A	C	I	J	A	U	N	I	K	A
F	R	E	K	V	E	N	C	I	J	A	S	O	G	N	A
K	N	G	U	L	A	C	R	L	I	L	T	B	S	O	E
E	L	S	Đ	B	O	H	V	C	S	U	O	V	Z	R	L
M	O	Z	F	H	R	Y	M	R	I	K	Ć	S	P	Y	E
I	M	O	T	O	R	Z	E	C	H	E	A	J	D	D	K
J	R	G	N	Z	U	T	A	I	L	L	I	H	S	V	T
S	Y	Đ	K	Đ	U	M	H	N	S	O	K	A	O	S	R
K	K	J	O	Z	R	Y	Đ	L	J	M	H	A	J	P	O
I	N	U	K	L	E	A	R	N	I	E	B	N	Đ	B	N

UBRZANJE
ATOM
KAOS
KEMIJSKI
GUSTOĆA
ELEKTRON
PROŠIRENJE
FORMULA
FREKVENCIJA
PLIN

GRAVITACIJA
MAGNETIZAM
MEHANIKA
MOLEKULA
MOTOR
NUKLEARNI
ČESTICA
RELATIVNOST
UNIVERZALAN
BRZINA

43 - Agronomia

R	E	A	F	G	Z	A	G	A	Đ	E	N	J	E	L	F
N	V	K	Z	F	N	P	G	U	D	L	Y	G	A	A	A
O	I	N	O	L	T	O	H	B	R	Đ	V	I	A	Z	F
H	N	L	D	L	S	A	J	I	G	R	E	N	E	W	F
F	I	Đ	C	W	O	E	Z	I	Đ	F	Đ	E	T	N	D
T	U	D	M	N	V	G	I	V	V	H	A	A	Z	Y	F
S	U	S	T	A	V	I	I	A	H	O	B	T	W	D	F
O	H	M	S	S	D	Đ	P	J	O	O	Š	S	H	E	N
N	R	S	A	G	Đ	O	B	I	A	J	I	Z	O	R	E
A	A	A	R	K	B	N	V	D	J	I	L	U	E	Đ	K
N	N	T	C	T	Y	H	W	U	M	L	O	W	C	P	N
Z	A	Đ	M	Đ	S	T	W	T	C	M	K	F	G	Z	E
S	E	O	S	K	O	R	C	S	J	D	O	U	A	Đ	M
I	S	T	R	A	Ž	I	V	A	N	J	E	E	E	Đ	E
B	O	L	E	S	T	I	O	R	G	A	N	S	K	I	J
P	R	O	I	Z	V	O	D	N	J	A	H	R	H	E	S

VODA
OKOLIŠ
HRANA
RAST
EKOLOGIJA
ENERGIJA
EROZIJA
GNOJIVO
ZAGAĐENJE
BOLESTI
ORGANSKI
PROIZVODNJA
ISTRAŽIVANJE
SEOSKO
ZNANOST
SJEMENKE
SUSTAVI
STUDIJA
TLO

44 - Erboristeria

O	B	A	U	O	V	L	E	R	A	P	O	K	R	H	O
H	T	U	H	B	C	R	P	O	U	Y	H	P	E	N	R
N	E	K	W	I	L	K	T	M	F	Ž	T	P	I	N	I
C	T	Đ	L	B	N	A	R	U	Ž	A	M	C	K	H	G
F	I	C	J	H	A	J	V	G	Đ	B	E	A	S	P	A
B	M	C	V	G	R	L	Č	A	I	L	T	K	R	L	N
K	I	S	B	F	F	I	E	S	N	R	I	V	A	I	O
Z	J	F	R	Đ	A	S	Š	W	E	D	W	A	N	K	N
W	A	M	B	J	Š	O	N	S	L	M	A	L	I	S	I
S	N	Y	Đ	F	L	B	J	A	E	E	M	I	L	T	Š
K	O	M	O	R	A	Č	A	S	Z	T	W	T	U	A	R
C	V	I	J	E	T	L	K	T	L	V	G	E	K	M	E
J	B	E	O	G	Z	S	B	O	N	I	M	T	T	O	P
P	R	M	K	W	J	D	B	J	R	C	G	A	B	R	G
I	H	G	N	C	E	Y	L	A	T	E	Z	H	D	A	N
D	R	A	G	U	L	J	N	K	V	O	V	D	R	T	N

ČEŠNJAK
KOPAR
AROMATSKI
BOSILJAK
KULINARSKI
DRAGULJ
KOMORAČ
CVIJET
VRT
SASTOJAK

LAVANDA
MAŽURAN
METVICE
ORIGANO
PERŠIN
KVALITETA
RUŽMARIN
TIMIJAN
ZELEN
ŠAFRAN

45 - Danza

P	N	Z	K	I	A	L	T	J	R	T	S	O	L	I	M
A	R	U	T	L	U	K	Y	Đ	U	T	K	G	P	N	T
T	K	O	W	W	Đ	B	Đ	V	B	T	O	A	A	Č	R
L	H	S	B	W	O	Đ	Y	N	U	Y	K	K	R	I	A
F	J	L	N	A	J	A	Ž	A	R	Z	I	A	T	S	D
K	O	R	E	O	G	R	A	F	I	J	A	D	N	A	I
F	D	W	A	L	P	O	K	R	E	T	B	E	E	L	C
K	U	L	T	U	R	N	I	G	Đ	N	Z	M	R	K	I
D	W	O	T	L	E	M	O	C	I	J	A	I	Y	B	O
U	R	F	J	R	A	N	Y	L	L	N	L	J	S	I	N
N	E	Ž	Y	D	A	T	Đ	G	E	J	G	A	O	S	A
Y	E	N	A	T	S	O	D	A	R	J	M	B	G	Đ	L
G	B	N	I	N	D	I	V	P	O	P	I	N	B	S	A
B	D	O	G	I	J	J	G	Đ	P	I	W	T	B	Đ	N
I	V	W	B	O	E	E	F	W	T	J	L	T	W	D	T
Z	U	M	J	E	T	N	O	S	T	R	I	T	A	M	W

AKADEMIJA
UMJETNOST
KLASIČNI
PARTNER
KOREOGRAFIJA
TIJELO
KULTURA
KULTURNI
EMOCIJA
IZRAŽAJAN
RADOSTAN
MILOST
POKRET
GLAZBA
DRŽANJE
PROBA
RITAM
SKOK
TRADICIONALAN
VIDNI

46 - Biologia

B	V	K	E	K	E	M	B	R	I	J	A	N	L	R	E
A	W	N	J	O	L	P	C	V	Đ	C	Y	O	R	D	T
K	A	E	M	L	V	Z	A	J	I	M	O	T	A	N	A
T	C	U	E	A	N	I	V	E	Č	N	A	L	E	J	B
E	P	R	N	G	Z	F	A	O	N	Y	Z	B	U	J	W
R	V	O	C	E	A	O	S	O	N	D	O	R	I	R	P
I	E	N	C	N	M	T	I	P	H	T	M	Y	E	W	U
J	V	O	O	A	G	O	S	B	D	T	S	P	H	P	Đ
E	O	W	N	I	A	S	M	D	M	F	O	V	V	O	F
E	L	A	L	Z	Y	I	D	I	R	I	Ž	I	V	A	C
A	U	H	A	Ć	K	N	C	N	Y	L	S	N	Z	I	Đ
R	C	G	D	E	C	T	K	R	O	M	O	S	O	M	N
H	I	V	B	L	N	E	D	G	Đ	E	N	Z	I	M	Z
U	J	R	Z	I	F	Z	H	O	R	M	O	N	E	F	R
O	A	R	M	J	K	A	J	I	C	A	T	U	M	W	V
O	U	P	T	A	S	I	N	A	P	S	A	E	J	K	M

ANATOMIJA
BAKTERIJE
ĆELIJA
KOLAGENA
KROMOSOM
EMBRIJA
ENZIM
EVOLUCIJA
FOTOSINTEZA
SISAVAC
MUTACIJA
PRIRODNO
ŽIVAC
NEURON
HORMON
OSMOZA
BJELANČEVINA
GMAZ
SIMBIOZA
SINAPSA

47 - Attività Commerciale

R	A	L	S	F	K	T	Y	U	D	R	P	N	M	A	D
S	P	E	B	C	T	R	E	N	O	O	R	N	E	U	Y
K	E	J	N	A	G	A	L	U	B	B	O	H	S	J	I
A	Y	K	P	V	P	N	G	N	I	A	R	A	C	F	I
W	F	U	O	O	P	S	M	K	T	J	A	Đ	T	V	O
W	M	R	S	N	R	A	G	F	S	A	Č	E	N	V	H
W	D	E	L	K	I	K	E	E	U	D	U	R	L	C	U
N	S	D	O	D	H	C	A	K	P	O	N	M	G	C	Y
L	B	C	D	J	O	I	C	Đ	O	R	C	A	L	M	T
E	S	E	A	H	D	J	N	H	P	P	S	T	Ć	P	H
V	D	B	V	T	E	A	O	D	U	B	N	U	T	U	C
Y	Y	C	A	J	I	M	O	N	O	K	E	L	V	B	D
E	J	I	C	N	A	N	I	F	D	D	W	A	R	J	U
I	Z	A	P	O	S	L	E	N	I	K	G	V	T	W	K
T	R	O	Š	A	K	J	M	J	Z	J	R	N	K	U	Y
T	V	O	R	N	I	C	A	R	E	J	I	R	A	K	H

PRORAČUN
KARIJERA
TROŠAK
POSLODAVAC
ZAPOSLENIK
EKONOMIJA
TVORNICA
FINANCIJE
ULAGANJE
ROBA
DUĆAN
DOBIT
PRIHOD
POPUST
TVRTKA
NOVAC
TRANSAKCIJA
URED
VALUTA
PRODAJA

48 - Fiori

W	Y	Đ	N	G	L	Đ	L	U	Đ	U	V	F	J	P	T
M	A	S	M	U	A	A	C	I	Č	N	I	T	A	R	T
G	B	C	U	F	W	R	T	D	G	A	B	B	H	H	J
N	F	V	J	K	A	M	D	I	C	Đ	U	O	B	Z	N
I	N	M	A	I	S	R	D	E	C	O	K	Ž	Y	M	A
M	A	G	N	O	L	I	J	A	N	A	E	U	O	S	R
S	J	Y	I	V	N	D	B	J	R	I	T	R	R	U	C
A	L	I	L	A	N	N	W	I	F	A	J	N	H	N	I
J	I	J	E	N	A	N	G	R	H	Đ	U	A	I	C	S
Y	J	R	T	T	A	N	G	E	J	B	L	P	D	O	D
V	L	M	E	Y	O	C	P	M	Y	J	P	I	E	K	R
M	P	U	J	O	E	N	Z	U	C	J	S	L	J	R	U
F	I	A	D	N	A	V	A	L	B	E	Đ	U	A	E	Ž
M	A	S	L	A	Č	A	K	P	O	L	O	T	W	T	A
W	L	V	Đ	J	B	A	L	Z	Z	L	C	K	Z	N	B
R	N	I	L	U	E	U	A	N	C	B	D	C	K	Y	S

MASLAČAK
GARDENIJA
JASMIN
LJILJAN
SUNCOKRET
HIBISKUS
LAVANDA
LILA
MAGNOLIJA
TRATINČICA
BUKET
NARCIS
ORHIDEJA
MAK
BOŽUR
LATICA
PLUMERIJA
RUŽA
DJETELINA
TULIPAN

49 - Ecologia

V	O	V	R	R	V	E	G	E	T	A	C	I	J	A	P
O	S	T	T	E	A	N	U	A	F	T	S	W	B	R	R
L	O	V	Y	N	S	Z	F	D	W	S	L	T	I	A	I
O	U	F	I	I	P	U	N	N	H	R	Z	U	V	V	R
N	K	W	M	N	I	O	R	O	Y	V	I	I	K	Č	O
T	B	Y	V	A	R	O	M	S	L	Z	Z	J	A	O	D
E	A	M	I	L	K	N	J	O	I	I	S	L	N	M	N
R	D	R	Ž	P	R	V	M	G	R	Z	K	W	A	G	O
I	O	A	R	K	G	G	M	R	R	S	B	O	T	W	K
P	R	L	D	E	J	L	I	B	R	O	K	K	S	H	I
F	I	B	O	M	M	O	P	S	J	D	W	I	P	T	O
M	R	M	Y	F	S	B	G	V	M	I	T	W	O	G	F
Y	P	H	N	U	R	A	S	T	A	N	I	Š	T	E	L
C	S	U	Š	A	C	L	C	S	P	G	A	D	T	R	O
G	N	F	E	C	I	N	D	E	J	A	Z	L	W	R	R
V	T	V	W	M	K	O	Y	O	Đ	Đ	Z	N	T	B	A

KLIMA
ZAJEDNICE
RAZNOLIKOST
FAUNA
FLORA
GLOBALNO
STANIŠTE
POMORSKI
PLANINE
PRIRODA
PRIRODNO
MOČVARA
BILJE
RESURSI
SUŠA
OPSTANAK
ODRŽIV
VRSTA
VEGETACIJA
VOLONTERI

50 - Discipline Scientifiche

B	I	O	K	E	M	I	J	A	E	A	Z	R	M	I	M
G	E	O	L	O	G	I	J	A	K	K	O	B	I	M	E
U	T	W	Y	D	U	V	K	F	O	I	O	V	N	U	T
A	R	T	U	A	P	T	E	V	L	T	L	W	E	N	E
J	H	Y	L	U	Z	S	M	S	O	S	O	R	R	O	O
I	G	A	V	R	O	P	I	A	G	I	G	E	A	L	R
G	W	E	J	L	Z	A	J	J	I	V	I	G	L	O	O
O	A	G	L	I	S	E	A	I	J	G	J	E	O	G	L
L	J	Z	W	S	M	R	M	G	A	N	A	O	G	I	O
O	I	N	E	U	R	O	L	O	G	I	J	A	I	J	G
I	M	E	W	A	M	S	N	L	H	L	Z	A	J	A	I
B	O	T	A	N	I	K	A	O	U	G	L	K	A	G	J
Z	T	R	U	W	V	S	J	E	R	D	K	B	M	N	A
F	A	K	S	A	M	Y	Y	H	O	T	Đ	W	M	M	I
G	N	D	H	F	N	A	A	R	E	D	S	U	T	W	Y
I	A	I	C	L	R	P	D	A	K	I	N	A	H	E	M

ANATOMIJA
ARHEOLOGIJA
ASTRONOMIJA
BIOKEMIJA
BIOLOGIJA
BOTANIKA
KEMIJA
EKOLOGIJA

GEOLOGIJA
IMUNOLOGIJA
LINGVISTIKA
MEHANIKA
METEOROLOGIJA
MINERALOGIJA
NEUROLOGIJA
ZOOLOGIJA

51 - Scienza

O	Č	E	W	T	A	J	I	C	A	T	I	V	A	R	G
R	I	K	P	D	R	T	D	V	Č	Đ	R	H	M	P	Y
G	N	S	S	H	L	E	O	A	Z	E	T	O	P	I	H
A	J	P	I	K	S	J	I	M	E	K	S	R	Z	G	R
N	E	E	C	W	P	N	R	F	G	Y	F	T	I	Z	U
I	N	R	A	N	O	A	F	C	I	F	A	E	I	Z	Đ
Z	I	I	D	J	C	R	E	O	U	F	D	C	M	C	T
A	C	M	O	H	Y	T	P	Y	S	O	E	T	L	D	E
M	A	E	P	F	K	A	K	I	Z	I	F	R	W	A	L
V	G	N	G	K	E	M	H	L	H	K	L	D	C	V	U
B	J	T	G	F	A	O	M	I	N	E	R	A	L	I	K
Z	G	L	M	J	I	R	O	T	A	R	O	B	A	L	E
U	P	N	A	P	A	P	I	M	U	F	J	E	C	M	L
I	K	L	I	M	A	T	L	P	M	E	T	O	D	A	O
E	V	O	L	U	C	I	J	A	D	O	R	I	R	P	M
Z	N	A	N	S	T	V	E	N	I	K	E	E	A	Đ	F

ATOM
KEMIJSKI
KLIMA
PODACI
EKSPERIMENT
EVOLUCIJA
ČINJENICA
FIZIKA
FOSIL
GRAVITACIJA
HIPOTEZA
LABORATORIJ
METODA
MINERALI
MOLEKULE
PRIRODA
ORGANIZAM
PROMATRANJE
ČESTICE
ZNANSTVENIK

52 - Imbarcazioni

S	J	R	W	M	I	Z	Z	B	Đ	L	T	K	B	R	T
M	E	A	Z	F	O	I	E	V	D	W	V	O	E	V	P
P	Z	B	H	B	R	R	J	K	H	M	J	D	O	Z	A
D	E	H	U	M	D	I	N	O	Đ	L	M	K	J	A	C
R	R	T	A	N	I	D	A	A	D	A	S	O	P	E	I
U	O	Đ	O	L	S	V	E	B	R	K	S	I	T	B	L
T	R	A	J	E	K	T	C	R	I	J	E	K	A	O	I
K	P	S	A	B	K	J	O	R	V	P	H	S	M	P	R
U	Đ	G	K	S	P	L	A	V	O	L	Y	R	I	G	D
N	Ž	L	S	W	B	P	R	J	L	U	C	O	L	V	E
A	C	E	D	U	A	I	E	M	A	T	O	M	P	F	J
K	A	G	N	B	K	S	K	O	V	A	Đ	O	W	W	A
F	N	H	U	C	A	Z	Đ	R	G	Č	Y	P	C	G	R
B	W	T	G	B	J	T	I	E	Đ	A	T	H	A	J	B
S	R	O	M	T	A	V	G	R	U	K	S	N	A	G	O
R	Z	O	A	R	K	A	W	Đ	P	V	G	D	V	T	L

JARBOL
SIDRO
JEDRILICA
PLUTAČA
KANU
UŽE
POSADA
RIJEKA
KAJAK
JEZERO
MORE
PLIMA
MORNAR
MOTOR
POMORSKI
OCEAN
VALOVI
TRAJEKT
JAHTA
SPLAV

53 - Chimica

N	A	L	U	K	E	L	O	M	O	F	N	B	I	W	R
U	N	I	J	A	A	N	M	A	J	Đ	E	F	K	K	I
K	I	T	C	T	I	O	Z	D	G	Y	K	I	S	I	K
L	Ž	T	M	A	A	I	H	I	Đ	V	R	R	M	S	F
E	E	E	T	L	R	R	R	C	M	P	F	U	O	E	H
A	T	K	E	I	M	E	T	A	L	I	U	I	T	L	Z
R	H	U	M	Z	J	M	J	S	M	O	S	P	A	I	K
N	Y	Ć	P	A	U	G	L	J	I	K	U	O	L	N	H
I	E	I	E	T	E	L	E	K	T	R	O	N	L	A	G
V	R	N	R	O	O	R	G	A	N	S	K	I	O	N	M
O	N	A	A	R	F	A	O	Z	U	G	W	L	L	I	E
D	U	W	T	S	S	F	R	C	I	D	Đ	Z	J	L	G
I	U	R	U	Đ	C	L	W	O	Y	R	R	G	T	P	I
K	E	T	R	F	F	B	F	U	Z	L	K	J	O	O	T
K	U	O	A	G	J	P	L	I	N	J	N	R	J	T	S
C	Z	M	D	M	B	M	E	D	N	L	W	Z	J	W	M

KISELINA
ATOMSKI
TOPLINA
UGLJIK
KATALIZATOR
KLOR
ELEKTRON
ENZIM
PLIN
VODIK

ION
TEKUĆINA
METALI
MOLEKULA
NUKLEARNI
ORGANSKI
KISIK
TEŽINA
SOL
TEMPERATURA

54 - Api

B	M	B	I	L	J	E	T	Š	I	N	A	T	S	K	R
F	I	E	Ć	O	V	C	E	H	A	V	S	S	H	R	O
O	D	C	D	U	Y	N	M	B	Đ	W	A	O	A	A	J
A	O	V	A	T	S	U	S	O	K	E	B	K	R	L	F
A	W	I	B	R	G	S	W	N	M	A	S	I	R	J	L
L	F	J	P	V	C	M	S	S	I	N	S	L	F	I	E
E	K	E	L	H	S	J	A	I	P	A	B	O	L	C	Y
A	S	Ć	K	R	I	L	A	R	K	R	A	N	V	A	H
D	B	E	P	E	L	U	D	O	O	H	P	Z	N	Y	E
C	N	P	G	I	A	L	F	K	Đ	S	Z	A	K	P	I
C	V	D	T	L	B	U	Z	J	B	S	D	R	P	A	F
A	V	U	C	M	O	E	B	Z	G	Đ	H	C	M	Y	Đ
K	T	I	F	L	A	D	F	J	Đ	V	H	D	N	U	R
U	D	T	J	Y	U	Y	Đ	W	A	Y	J	B	H	R	L
K	Z	O	F	E	V	H	H	P	K	O	Š	N	I	C	A
C	F	G	F	M	T	O	Đ	D	B	L	S	U	M	W	H

KRILA
KOŠNICA
KORISNO
VOSAK
HRANA
RAZNOLIKOST
EKOSUSTAV
CVIJEĆE
CVIJET
VOĆE

DIM
VRT
STANIŠTE
KUKAC
MED
BILJE
PELUD
KRALJICA
ROJ
SUNCE

55 - Strumenti Musicali

D	F	Y	R	Y	O	A	V	G	Y	B	V	W	E	B	H
I	N	D	N	J	V	P	V	O	H	N	S	E	E	U	A
S	A	K	S	O	F	O	N	A	M	Z	S	D	O	B	R
B	Đ	B	Y	R	E	K	J	L	A	R	A	D	U	A	F
R	P	O	A	Y	C	K	A	U	R	R	Y	O	E	N	A
J	Y	F	N	B	E	J	V	V	I	D	A	U	E	J	F
I	Đ	F	Đ	W	R	L	G	N	M	O	U	T	T	Đ	A
T	E	N	I	R	A	L	K	P	B	V	P	Z	I	N	G
R	N	E	E	V	N	O	B	S	A	M	W	K	A	G	O
U	O	R	T	I	I	K	Š	A	R	U	B	M	A	T	T
B	B	H	N	O	L	Z	L	U	C	I	T	V	V	T	P
A	M	R	G	L	O	Ž	D	N	E	B	V	O	V	V	G
G	O	N	G	I	D	F	L	A	U	T	A	A	S	V	S
K	R	B	R	N	N	Y	I	O	O	G	G	P	L	W	C
R	T	I	O	A	A	B	H	A	R	M	O	N	I	K	A
P	A	K	E	I	M	V	I	O	L	O	N	Č	E	L	O

HARMONIKA
HARFA
BENDŽO
GITARA
KLARINET
FAGOT
FLAUTA
GONG
MANDOLINA
MARIMBA
OBOA
UDARALJKE
KLAVIR
SAKSOFON
TAMBURAŠKI
BUBANJ
TRUBA
TROMBON
VIOLINA
VIOLONČELO

56 - Professioni #2

F	V	B	V	Đ	E	V	K	I	N	Č	E	J	I	L	S
I	R	G	I	T	F	J	R	S	U	Z	I	K	A	Đ	L
L	T	D	U	O	J	L	E	T	I	M	U	Z	I	C	I
O	L	R	M	L	L	D	A	R	A	B	U	Z	I	M	K
Z	A	Z	A	I	E	O	F	A	R	G	O	T	O	F	A
O	R	O	Đ	P	T	D	G	Ž	P	E	U	J	L	O	R
F	Đ	O	E	V	I	S	T	I	K	R	F	L	F	I	V
Y	W	L	A	E	Č	N	D	V	A	U	D	E	E	T	D
K	A	O	L	E	U	O	Y	A	S	Y	D	T	V	N	J
N	B	G	C	L	L	F	J	Č	F	G	B	I	K	O	C
I	N	Ž	E	N	J	E	R	V	R	Y	R	Ž	I	V	R
J	E	Z	I	K	O	S	L	O	V	A	C	A	R	I	Z
E	A	W	K	N	J	I	Ž	N	I	Č	A	R	U	N	Z
A	S	T	R	O	N	A	U	T	U	C	T	T	R	A	O
E	L	I	Z	R	I	B	U	J	U	W	P	S	G	R	K
I	L	U	S	T	R	A	T	O	R	R	K	I	V	H	J

ASTRONAUT
KNJIŽNIČAR
BIOLOG
KIRURG
ZUBAR
FILOZOF
FOTOGRAF
VRTLAR
NOVINAR
ILUSTRATOR

INŽENJER
UČITELJ
IZUMITELJ
ISTRAŽITELJ
JEZIKOSLOVAC
LIJEČNIK
PILOT
SLIKAR
ISTRAŽIVAČ
ZOOLOG

57 - Letteratura

A	D	L	H	S	Y	W	M	Z	I	E	M	H	B	H	M
M	N	I	K	Č	I	N	S	E	J	P	R	P	I	M	T
E	Y	A	J	R	N	F	I	R	M	E	T	W	O	Z	R
T	J	M	L	A	O	S	P	I	E	K	L	K	G	A	A
Đ	Y	S	G	I	L	M	O	M	T	D	E	A	R	K	G
P	N	E	Đ	K	Z	O	A	A	A	M	R	O	A	L	E
U	H	J	M	I	J	A	G	N	F	C	N	A	F	J	D
E	B	P	F	H	K	L	V	R	O	T	U	A	I	U	I
D	P	Y	Đ	P	O	C	V	C	R	N	A	Ž	J	Č	J
M	I	Š	L	J	E	N	J	E	A	F	T	S	A	A	A
S	T	I	L	U	W	N	J	O	G	U	O	R	F	K	O
G	S	C	N	M	K	P	R	W	H	J	D	J	N	L	B
A	N	A	L	O	G	I	J	A	T	J	G	K	Y	Đ	D
J	J	I	R	I	T	A	M	T	S	H	E	A	S	K	K
U	S	P	O	R	E	D	B	A	G	Đ	N	Đ	K	K	I
F	K	N	J	U	W	C	C	M	F	D	A	W	V	V	Z

ANALIZA
ANALOGIJA
ANEGDOTA
AUTOR
BIOGRAFIJA
ZAKLJUČAK
USPOREDBA
OPIS
DIJALOG
ŽANR
METAFORA
MIŠLJENJE
PJESMA
PJESNIČKI
RIMA
RITAM
ROMAN
STIL
TEMA
TRAGEDIJA

58 - Cibo #2

G	Š	U	N	K	A	C	I	N	E	Š	P	A	J	L	T
L	Z	F	G	Z	K	T	W	S	Y	F	J	F	U	A	H
J	T	R	H	A	U	N	T	C	B	T	L	K	K	N	A
I	W	F	W	F	B	W	L	F	O	F	E	K	Y	I	W
V	B	A	J	T	A	A	W	J	N	R	D	R	D	T	U
A	H	H	P	Č	J	L	Z	B	D	I	I	L	F	E	K
Y	G	K	Y	E	O	U	T	T	L	Ž	P	S	Đ	L	Z
K	J	S	L	H	K	K	Y	G	G	A	C	I	V	I	K
P	B	A	G	A	I	O	O	C	I	H	U	R	K	P	N
Y	F	B	J	R	K	R	E	L	E	C	P	J	S	C	B
R	R	I	T	E	O	B	J	M	A	C	I	Č	J	A	R
I	K	R	A	U	A	Ž	N	A	Ž	D	I	L	T	A	P
U	B	A	N	A	N	A	Đ	E	H	Đ	A	J	F	B	Y
C	D	R	G	A	J	N	Š	E	R	T	R	U	G	O	J
Đ	I	P	Đ	T	Đ	M	B	S	Z	R	A	R	D	C	V
O	F	M	B	N	I	K	G	R	T	N	P	H	E	J	V

BANANA
BROKULA
TREŠNJA
ČOKOLADA
SIR
GLJIVA
PŠENICA
KIVI
JABUKA
PATLIDŽAN

KRUH
RIBA
PILETINA
RAJČICA
ŠUNKA
RIŽA
CELER
JAJE
GROŽĐE
JOGURT

59 - Nutrizione

O	N	I	M	A	T	I	V	W	B	D	M	I	W	N	B
H	K	B	V	T	P	K	Đ	R	I	N	I	S	K	O	T
R	T	U	I	E	I	E	J	N	E	R	V	J	J	V	Z
A	E	D	S	T	O	J	T	G	B	B	A	C	E	I	F
N	Ž	G	A	I	Y	I	O	I	G	B	R	W	J	T	Y
L	I	R	U	L	L	R	L	I	T	T	D	Đ	L	S	A
J	N	A	V	A	B	O	R	P	L	K	Z	W	V	E	U
I	A	N	A	V	J	L	Z	R	U	P	W	E	A	J	M
V	Y	C	P	K	F	A	G	E	W	O	G	S	R	Đ	P
G	I	Đ	A	M	L	K	B	M	D	Z	O	F	D	B	R
U	R	A	V	N	O	T	E	Ž	E	N	R	G	Z	U	O
G	D	V	S	U	M	A	K	B	E	O	A	G	J	D	T
T	E	K	U	Ć	I	N	E	R	W	V	K	C	E	L	E
Y	S	U	K	I	K	I	J	P	C	N	A	O	U	D	I
R	N	L	K	Y	M	Z	A	Č	I	N	I	G	F	U	N
G	A	F	N	L	R	P	F	H	K	Z	P	U	L	G	I

GORAK
APETIT
URAVNOTEŽEN
KALORIJE
JESTIVO
DIJETA
PROBAVA
VRENJE
OKUS
TEKUĆINE
HRANLJIV
TEŽINA
PROTEINI
KVALITETA
UMAK
ZDRAVLJE
ZDRAV
ZAČINI
TOKSIN
VITAMIN

60 - Matematica

P	B	M	O	U	M	E	I	Đ	F	Đ	E	P	A	Z	V
A	L	A	M	I	C	E	D	L	I	J	K	E	R	S	O
R	J	J	P	O	P	S	E	G	O	Z	S	R	I	G	L
A	V	I	E	R	E	J	M	O	R	P	P	I	T	E	U
L	R	C	R	H	A	M	O	A	V	Z	O	M	M	O	M
E	M	K	H	T	G	V	T	K	I	J	N	E	E	M	E
L	Đ	A	V	U	E	Y	O	I	T	I	E	T	T	E	N
N	P	R	Đ	K	J	M	Y	K	P	V	N	A	I	T	A
O	V	F	C	O	J	C	I	S	U	O	T	R	K	R	N
D	D	A	B	R	G	S	N	S	T	T	L	N	A	I	L
L	I	S	S	T	L	C	G	T	O	U	N	I	O	J	S
I	P	O	D	J	E	L	A	D	U	K	L	I	G	A	W
P	A	R	A	L	E	L	O	G	R	A	M	H	K	O	S
K	V	A	D	R	A	T	K	V	Z	Đ	K	G	Y	R	N
S	U	M	A	A	L	C	L	Y	C	Đ	E	H	U	I	F
J	E	D	N	A	D	Ž	B	A	R	M	O	M	G	A	Đ

KUTOVI
ARITMETIKA
OPSEG
DECIMALA
PROMJER
PODJELA
JEDNADŽBA
EKSPONENT
FRAKCIJA
GEOMETRIJA
PARALELNO
PARALELOGRAM
PERIMETAR
POLIGON
KVADRAT
PRAVOKUTNIK
SIMETRIJA
SUMA
TROKUT
VOLUMEN

61 - Meditazione

D	M	I	W	U	M	L	D	K	O	W	D	G	W	B	V
Y	R	E	J	I	C	O	M	E	G	L	A	Z	B	A	N
P	M	Ž	N	T	J	B	R	S	G	I	L	D	Đ	Z	B
Y	I	T	A	T	S	O	N	L	A	V	H	A	Z	R	Y
L	S	K	R	N	A	V	I	T	K	E	P	S	R	E	P
G	L	B	I	U	J	L	P	A	Ž	N	J	A	F	L	W
U	I	U	M	A	B	E	N	R	P	R	I	R	O	D	A
M	M	W	K	L	P	K	N	O	L	E	N	C	M	D	Z
P	R	O	M	A	T	R	A	N	J	E	Đ	U	S	Z	W
J	A	S	N	O	Ć	A	M	B	D	I	S	A	N	J	E
V	W	Y	I	P	F	L	I	P	Đ	L	D	O	T	K	Z
P	O	K	R	E	T	O	R	F	H	I	I	W	I	Đ	C
J	M	S	U	O	S	J	E	Ć	A	N	J	E	Š	V	O
P	R	I	H	V	A	Ć	A	N	J	E	Đ	A	I	H	U
L	J	U	B	A	Z	N	O	S	T	G	K	K	N	A	N
P	Y	W	N	F	J	C	D	W	L	L	O	Đ	A	E	V

PRIHVAĆANJE
PAŽNJA
MIRAN
JASNOĆA
SUOSJEĆANJE
EMOCIJE
LJUBAZNOST
ZAHVALNOST
MENTALNO
UM

POKRET
GLAZBA
PRIRODA
PROMATRANJE
MIR
MISLI
DRŽANJE
PERSPEKTIVA
DISANJE
TIŠINA

62 - Elettricità

L	E	G	E	N	E	R	A	T	O	R	P	G	Z	F	Z
G	O	L	S	K	L	A	D	I	Š	T	E	N	J	E	V
N	O	F	E	L	E	T	M	B	H	E	S	D	D	B	Z
M	L	E	T	K	S	K	C	P	L	N	S	S	P	L	A
D	N	K	C	R	T	V	Y	U	M	G	E	Đ	P	B	C
W	A	P	C	P	O	R	J	V	V	A	J	A	V	E	E
B	N	O	I	R	J	O	I	E	D	M	V	F	M	Z	J
B	A	T	E	R	I	J	A	Č	T	M	R	E	Ž	A	O
D	V	J	U	R	H	F	I	L	N	I	N	W	M	N	Ž
J	I	Đ	L	I	P	A	N	I	Č	I	L	O	K	C	I
N	T	N	Đ	U	K	A	B	E	L	P	Đ	J	J	E	C
V	I	T	J	T	R	C	O	P	R	E	M	A	K	D	E
N	Z	F	G	P	E	A	C	I	N	Č	I	T	U	A	I
L	O	R	U	G	S	S	Ž	O	B	J	E	K	T	I	A
Đ	P	O	L	Đ	A	E	L	E	K	T	R	I	Č	A	R
W	W	B	I	S	L	N	E	G	A	T	I	V	A	N	M

OPREMA
BATERIJA
KABEL
SKLADIŠTENJE
ELEKTRIČAR
ELEKTRIČNI
ŽICE
GENERATOR
SVJETILJKA
ŽARULJA
LASER
MAGNET
NEGATIVAN
OBJEKTI
POZITIVAN
UTIČNICA
KOLIČINA
MREŽA
TELEFON

63 - Antiquariato

A	P	O	G	J	T	S	T	I	L	B	F	C	K	C	S
M	U	A	G	A	L	E	R	I	J	A	Đ	U	V	I	T
W	I	K	U	N	E	O	B	I	Č	N	O	F	A	J	O
Đ	M	S	C	T	S	O	N	T	E	J	M	U	L	E	L
S	T	A	R	I	E	J	N	A	G	A	L	U	I	N	J
J	P	I	C	L	J	N	S	C	K	V	M	H	T	A	E
T	M	P	U	D	S	A	T	K	S	F	T	F	E	O	Ć
U	K	R	A	S	N	O	N	I	U	S	G	V	T	B	E
N	A	M	J	E	Š	T	A	J	Č	L	Z	E	A	N	O
E	W	V	V	J	Y	Y	T	L	A	N	P	C	L	O	W
J	U	P	L	N	S	Z	N	F	G	E	O	T	Y	V	T
I	D	H	Y	A	H	D	A	Y	H	N	R	M	U	A	M
M	T	Y	V	T	C	T	G	U	M	W	T	P	H	R	W
F	T	A	C	S	J	I	E	C	I	N	A	V	O	K	A
Y	O	P	H	E	M	Y	L	V	W	A	A	P	E	I	J
K	J	S	L	C	A	Ć	E	J	L	T	E	S	E	D	E

UMJETNOST
AUKCIJA
AUTENTIČNO
STANJE
DESETLJEĆA
UKRASNO
ELEGANTAN
GALERIJA
NEOBIČNO
ULAGANJE

NAMJEŠTAJ
KOVANICE
CIJENA
KVALITETA
OBNOVA
SKULPTURA
STOLJEĆE
STIL
STAR

64 - Escursionismo

P	C	K	L	N	M	D	A	U	M	Ž	J	K	J	U	K
Đ	G	D	L	S	U	N	C	E	Z	I	B	N	J	U	O
N	D	C	D	I	N	R	O	M	U	V	J	Z	E	K	Y
K	N	P	I	P	M	R	K	Z	U	O	T	E	Š	K	A
A	U	B	V	V	L	A	I	I	M	T	A	C	O	D	D
R	F	I	L	U	O	A	J	Č	J	I	M	D	P	N	O
T	Z	Z	J	G	N	D	N	E	J	N	E	M	A	K	R
A	R	L	I	L	G	P	A	I	L	J	R	E	S	N	I
P	A	R	K	O	V	I	O	S	N	E	P	S	N	J	R
V	O	D	I	Č	I	C	K	M	A	A	I	I	O	T	P
C	I	G	N	M	L	I	T	I	C	A	R	C	S	H	T
T	R	N	P	H	E	Z	S	P	A	Y	P	R	T	H	J
V	O	R	I	J	E	N	T	A	C	I	J	A	I	R	Y
K	A	M	P	I	R	A	N	J	E	G	T	M	L	M	R
F	W	P	I	G	T	Đ	G	A	Y	K	U	O	E	B	W
M	T	R	Z	L	A	T	C	K	E	B	W	K	R	I	Y

VODA
ŽIVOTINJE
KAMPIRANJE
KLIMA
VODIČI
KARTA
PLANINA
PRIRODA
ORIJENTACIJA
PARKOVI

OPASNOSTI
TEŠKA
KAMENJE
PRIPREMA
LITICA
DIVLJI
SUNCE
UMORNI
ČIZME
KOMARCI

65 - Professioni #1

F	T	L	P	S	T	Z	Y	T	K	T	R	O	L	I	H
K	N	I	L	G	O	L	O	H	I	S	P	L	K	C	L
K	Z	J	E	D	V	G	B	H	N	G	R	W	I	C	T
F	S	E	S	O	E	M	F	Y	E	J	M	F	N	R	Z
L	U	Č	A	Đ	T	H	A	M	B	A	S	A	D	O	R
Z	Z	N	Č	R	E	M	R	P	Z	B	N	B	E	A	A
O	Z	I	I	B	R	N	G	K	A	B	J	J	R	M	K
A	D	K	C	A	I	N	O	A	L	Z	Y	M	U	H	N
M	S	V	A	H	N	G	T	C	G	O	L	O	E	G	A
C	O	T	J	R	A	H	R	E	N	E	R	T	J	Y	B
Z	H	R	R	E	R	H	A	P	I	J	A	N	I	S	T
K	N	T	N	O	T	L	K	K	I	N	T	E	J	M	U
M	C	V	O	A	N	N	L	J	E	K	A	R	N	I	K
L	O	V	A	C	R	O	I	B	U	U	L	P	H	N	Y
R	B	B	C	T	U	R	M	K	G	E	Z	Z	F	P	I
Z	N	A	N	S	T	V	E	N	I	K	V	O	B	J	O

TRENER
AMBASADOR
UMJETNIK
ASTRONOM
ODVJETNIK
PLESAČICA
BANKAR
LOVAC
KARTOGRAF
UREDNIK
LJEKARNIK
GEOLOG
ZLATAR
MORNAR
LIJEČNIK
GLAZBENIK
PIJANIST
PSIHOLOG
ZNANSTVENIK
VETERINAR

66 - Antartide

K	O	N	Z	E	R	V	A	C	I	J	A	S	T	P	T
P	T	E	O	O	B	L	A	C	I	M	J	T	E	O	V
I	O	V	H	T	J	P	N	C	W	I	I	J	M	L	O
U	P	T	H	Y	O	H	E	Č	U	G	F	E	P	U	D
U	O	S	K	E	A	C	F	A	S	R	A	N	E	O	A
G	G	N	B	M	J	S	I	V	M	A	R	O	R	T	J
Z	R	A	Đ	J	I	Y	N	I	C	C	G	V	A	O	K
A	A	N	G	A	C	N	D	Ž	S	I	O	I	T	K	I
L	F	Z	Đ	T	I	V	E	A	T	J	E	T	U	I	T
J	I	M	K	V	D	E	L	R	R	A	G	A	R	Đ	O
E	J	W	R	E	E	Z	G	T	A	L	Z	O	A	V	V
V	A	T	S	E	P	B	T	S	U	L	M	K	L	W	I
O	G	T	I	U	S	S	B	I	L	F	I	O	G	Y	M
M	N	R	I	P	K	P	K	R	Z	P	G	L	I	R	Đ
P	H	P	T	N	E	N	I	T	N	O	K	I	Y	P	Z
L	E	D	E	N	J	A	C	I	L	R	U	Š	L	M	Z

VODA
OKOLIŠ
ZALJEV
KITOVI
KONZERVACIJA
KONTINENT
GEOGRAFIJA
LEDENJACI
LED
OTOCI
MIGRACIJA
MINERALI
OBLACI
POLUOTOK
ISTRAŽIVAČ
STJENOVITA
ZNANSTVEN
EKSPEDICIJA
TEMPERATURA
TOPOGRAFIJA

67 - Libri

U	P	C	I	N	S	E	J	I	V	O	P	Đ	N	L	Y
T	U	Đ	U	M	N	E	D	U	H	O	V	I	T	G	A
H	S	E	G	I	Z	A	R	U	T	N	A	V	A	N	U
R	K	K	J	V	V	E	P	I	U	Y	U	K	J	B	T
S	P	O	E	Z	I	J	A	I	J	Y	U	V	N	A	O
D	E	M	O	T	B	Z	B	Z	S	A	Č	I	R	P	R
Y	W	O	B	F	N	U	H	B	Đ	A	R	A	H	A	T
Č	A	D	E	J	V	O	P	I	R	P	N	L	N	M	O
T	N	U	W	M	P	J	K	R	P	H	D	O	G	J	N
S	T	R	A	N	I	C	A	K	R	W	Č	I	T	A	Č
D	U	A	L	N	O	S	T	A	Đ	S	Đ	V	O	O	I
R	E	L	E	V	A	N	T	A	N	N	S	A	N	L	G
T	S	I	Z	K	I	N	V	E	N	T	I	V	N	I	A
R	O	M	A	N	L	I	T	E	R	A	R	N	I	D	R
H	M	N	A	Z	H	N	G	E	Đ	F	A	E	N	R	T
A	K	W	Z	N	P	Y	T	C	W	U	F	U	O	I	N

AUTOR
AVANTURA
ZBIRKA
KONTEKST
DUALNOST
EP
INVENTIVNI
LITERARNI
ČITAČ
PRIPOVJEDAČ

STRANICA
POEZIJA
RELEVANTAN
ROMAN
NAPISAN
SERIJA
PRIČA
POVIJESNI
TRAGIČNO
DUHOVIT

68 - Geografia

L	C	Y	Z	I	N	M	S	N	T	A	N	J	Đ	V	O
T	N	E	N	I	T	N	O	K	N	Z	I	M	A	I	B
R	T	R	O	S	L	F	Y	R	J	P	I	K	R	S	A
O	A	E	T	R	Y	A	N	E	E	R	R	T	R	I	S
A	T	L	A	S	D	O	T	V	N	D	I	T	O	N	J
M	R	P	N	Z	U	T	J	E	J	J	J	F	R	A	B
E	B	O	I	M	Ž	O	A	J	L	M	E	Z	Z	F	Đ
R	V	D	N	A	I	K	C	S	Y	V	K	O	K	W	A
I	E	R	A	V	N	D	S	H	A	E	A	J	S	P	I
D	Z	U	L	K	A	D	A	R	E	F	S	I	M	E	H
I	A	Č	P	G	A	F	B	U	E	S	V	I	J	E	T
J	P	J	L	U	N	R	F	C	J	G	F	E	Z	V	O
A	A	E	O	N	I	N	T	E	C	U	I	N	E	R	N
N	D	A	R	G	R	S	U	A	V	J	Đ	J	P	K	K
K	P	L	N	L	I	M	M	N	G	E	P	K	A	L	H
F	W	T	B	U	Š	O	N	U	E	Đ	V	N	E	O	Y

VISINA
ATLAS
GRAD
KONTINENT
HEMISFERA
RIJEKA
OTOK
ŠIRINA
DUŽINA
KARTA
MORE
MERIDIJAN
SVIJET
PLANINA
SJEVER
ZAPAD
ZEMLJA
REGIJA
JUG
PODRUČJE

69 - Cibo #1

H	Z	W	Z	M	G	U	M	K	C	W	S	M	J	S	T
D	B	M	M	L	O	S	U	M	Y	Z	A	T	R	O	T
S	R	N	A	I	Š	P	I	N	A	T	L	N	T	G	K
M	A	Č	E	J	T	E	F	I	I	O	A	R	U	Y	R
C	R	U	C	E	D	S	C	B	D	Y	T	T	L	T	E
I	E	K	I	K	A	J	N	Š	E	Č	A	N	D	M	P
M	Ć	U	V	O	P	K	L	W	G	A	R	B	K	E	A
E	E	L	T	A	J	E	Š	J	A	G	O	D	A	S	B
T	Š	G	E	F	F	Y	Z	U	R	D	M	V	S	O	C
N	B	L	M	D	E	J	J	T	R	M	S	G	O	U	R
N	E	V	Đ	F	F	L	V	Y	J	K	N	K	K	G	V
B	Đ	B	J	N	K	H	V	K	M	W	E	W	T	Y	I
N	Đ	C	O	E	E	L	B	W	G	L	D	N	K	M	G
C	S	W	V	U	C	L	I	M	U	N	P	F	L	K	J
B	O	S	I	L	J	A	K	H	Y	V	U	E	V	C	O
M	N	M	F	A	M	A	E	G	J	V	W	Y	Y	S	D

ČEŠNJAK
BOSILJAK
CIMET
MESO
MRKVA
LUK
JAGODA
SALATA
MLIJEKO
LIMUN
METVICE
JEČAM
KRUŠKA
REPA
SOL
ŠPINAT
SOK
TUNA
TORTA
ŠEĆER

70 - Aeroplani

G	N	A	P	U	H	A	T	I	C	C	V	F	K	I	I
R	O	T	O	M	P	W	H	G	W	G	A	Z	G	Y	L
Z	A	R	E	F	S	O	M	T	A	V	I	S	I	N	A
R	P	E	I	T	M	V	S	N	E	E	T	C	T	J	P
A	U	J	M	V	V	O	U	I	F	J	Z	K	H	A	O
K	T	M	F	C	O	D	Đ	B	L	N	Y	U	A	Z	V
L	N	S	A	P	B	I	G	A	D	A	S	O	P	I	I
A	I	N	K	I	I	K	D	L	E	T	Z	Đ	U	D	J
Đ	K	B	R	R	A	L	P	O	Z	E	S	A	G	F	E
W	M	D	N	Z	H	N	O	N	U	J	I	R	K	U	S
C	W	Y	T	U	G	J	Đ	T	H	I	W	U	F	D	T
C	W	H	B	P	S	C	E	N	E	L	R	T	C	K	N
I	Z	G	R	A	D	N	J	A	N	S	Y	N	U	J	O
W	Đ	P	I	W	Y	B	S	G	E	P	Đ	A	H	E	F
A	O	J	F	P	N	R	W	W	B	D	B	V	M	B	I
K	L	G	D	R	L	Y	U	S	O	Z	A	A	H	Y	K

VISINA
ZRAK
ATMOSFERA
SLIJETANJE
AVANTURA
GORIVO
NEBO
IZGRADNJA
DIZAJN
SMJER
SILAZAK
POSADA
NAPUHATI
VODIK
MOTOR
BALON
PUTNIK
PILOT
POVIJEST

71 - Governo

S	N	Đ	A	V	G	W	D	B	Đ	U	P	P	N	A	O
S	I	E	U	S	T	A	V	B	E	Đ	Đ	R	D	E	N
P	A	M	Z	G	C	J	S	Z	A	I	M	A	B	C	E
O	E	C	B	A	V	A	R	P	S	A	R	V	Đ	A	L
M	L	Z	M	O	V	U	N	N	F	T	V	A	K	O	V
E	R	N	A	A	L	I	I	I	N	A	R	O	D	D	V
N	O	Y	L	D	I	K	S	D	U	S	S	V	Z	E	M
I	Z	A	K	O	N	S	N	N	G	R	L	O	E	M	F
K	B	R	E	B	Đ	N	S	I	O	S	F	A	U	O	W
D	Z	O	N	O	B	A	G	Đ	M	S	P	F	O	K	E
R	S	Z	R	L	C	Đ	R	T	I	U	T	D	J	R	L
Ž	O	V	T	S	N	A	J	L	V	A	Ž	R	D	A	G
A	D	V	A	R	P	R	E	E	U	Đ	S	F	Y	C	O
V	H	B	Y	U	M	G	U	R	K	O	R	J	T	I	V
A	K	I	T	I	L	O	P	D	A	E	O	C	U	J	O
J	E	D	N	A	K	O	S	T	J	A	T	U	E	A	R

VOĐA
DRŽAVLJANSTVO
GRAĐANSKI
USTAV
DEMOKRACIJA
PRAVA
GOVOR
RASPRAVA
SUDSKI
PRAVDA
NEZAVISNOST
ZAKON
SLOBODA
SPOMENIK
NAROD
POLITIKA
OKRUG
SIMBOL
DRŽAVA
JEDNAKOST

72 - Bellezza

K	A	K	A	A	I	Z	G	O	E	M	E	K	F	I	M
J	O	R	C	U	I	D	O	V	Z	I	O	R	P	O	T
L	P	Z	R	U	M	U	D	A	A	R	A	K	S	A	M
D	B	E	M	L	L	E	R	L	P	I	Š	E	O	E	P
E	R	J	N	E	G	U	L	S	U	S	M	L	T	Č	J
R	L	U	Đ	Y	T	E	F	D	U	N	I	E	C	R	H
A	H	E	Ž	D	U	I	R	G	L	D	N	G	N	V	D
K	P	K	G	L	G	Y	K	Y	J	J	K	A	Ž	O	K
Š	I	D	W	A	J	O	B	A	A	C	A	N	T	K	Š
K	Š	A	R	M	N	G	T	S	I	L	I	T	S	R	A
H	Đ	E	Đ	E	H	C	C	K	A	H	H	A	O	Z	M
D	W	U	T	U	W	I	I	L	Y	R	G	N	L	E	P
E	Đ	E	P	K	F	P	U	J	N	R	C	Đ	I	Đ	O
O	G	L	E	D	A	L	O	F	A	I	R	H	M	S	N
F	O	T	O	G	E	N	I	Č	A	N	A	U	U	N	S
E	M	B	I	Đ	Đ	A	R	P	O	A	R	G	S	E	A

BOJA
KOZMETIKA
ELEGANTAN
ELEGANCIJA
ŠARM
ŠKARE
FOTOGENIČAN
MIRIS
MILOST
MASKARA
ULJA
KOŽA
PROIZVODI
KOVRČE
RUŽ
USLUGE
ŠAMPON
OGLEDALO
STILIST
ŠMINKA

73 - Avventura

H	B	T	U	G	K	R	I	Y	Đ	L	S	U	N	I	Z
H	R	Z	T	Đ	Đ	S	M	Đ	N	Đ	Y	Đ	I	N	H
P	V	A	Ć	O	K	Š	E	T	O	P	P	Đ	L	M	H
P	R	K	B	B	D	C	Y	V	N	D	Z	G	R	D	A
R	A	I	A	R	K	U	I	R	Č	C	A	Z	W	N	J
I	R	L	J	V	O	B	Z	A	I	Z	A	Z	O	V	I
P	E	I	T	A	B	S	Y	D	B	A	T	P	N	O	C
R	N	R	Z	T	T	P	T	O	O	K	O	R	S	D	A
E	I	P	Đ	P	M	E	B	S	E	T	P	I	A	R	G
M	T	E	L	Z	I	R	L	T	N	I	E	R	P	E	I
A	I	Y	N	R	A	Đ	T	J	D	V	J	O	O	D	V
S	I	G	U	R	N	O	S	T	I	N	L	D	V	I	A
G	E	N	O	V	O	S	Đ	T	R	O	D	A	M	Š	N
P	U	T	O	V	A	N	J	A	M	S	D	Y	P	T	I
S	H	M	A	Z	A	J	I	Z	U	T	N	E	B	E	M
Y	R	L	M	F	A	S	J	G	H	W	R	Y	H	H	B

PRIJATELJI
AKTIVNOST
LJEPOTA
PRILIKA
HRABROST
ODREDIŠTE
TEŠKOĆA
ENTUZIJAZAM
IZLET
RADOST
NEOBIČNO
ITINERAR
PRIRODA
NAVIGACIJA
NOVO
OPASNO
PRIPREMA
IZAZOVI
SIGURNOST
PUTOVANJA

74 - Forme

W	P	R	D	P	E	N	Y	Đ	C	R	P	P	V	W	F
C	D	O	S	A	R	S	T	R	A	N	A	O	L	R	I
B	W	R	L	H	C	A	D	I	M	A	R	I	P	J	G
O	A	M	Z	I	R	P	V	E	L	I	P	S	A	I	G
Z	L	Y	D	A	G	W	Đ	O	T	R	O	K	U	T	A
K	R	U	G	J	L	O	R	W	K	S	T	M	P	V	V
U	C	U	D	L	S	C	N	J	L	U	T	U	C	Z	K
L	R	T	R	U	N	I	R	O	Z	R	T	U	K	M	S
R	U	B	O	V	I	F	A	T	V	F	P	N	A	D	F
I	E	H	J	I	L	K	D	A	A	G	F	A	I	L	E
H	G	H	V	R	V	J	N	R	N	H	N	L	H	K	R
G	E	Y	F	K	V	C	I	D	L	W	C	A	E	F	A
K	O	S	U	O	J	G	L	A	Y	P	V	V	A	U	R
C	R	B	J	N	L	O	I	V	C	E	P	O	E	B	P
I	I	U	D	U	L	Y	C	K	O	C	K	A	T	U	V
Đ	Z	M	E	S	H	I	P	E	R	B	O	L	A	P	F

KUT
LUK
RUBOVI
KRUG
CILINDAR
KONUS
KOCKA
KRIVULJA
ELIPSA
HIPERBOLA

STRANA
CRTA
OVALAN
PIRAMIDA
POLIGON
PRIZMA
KVADRAT
PRAVOKUTNIK
SFERA
TROKUT

75 - Oceano

K	G	Y	K	L	C	R	I	B	A	V	Ž	U	P	S	I
A	V	M	O	V	A	L	O	V	I	N	C	T	L	A	O
M	B	L	R	H	S	K	L	A	T	E	M	I	L	P	L
E	J	B	N	A	C	I	N	T	O	B	O	H	V	D	U
N	E	C	J	I	E	T	G	K	U	E	M	A	D	V	J
I	G	Z	A	L	P	A	T	M	F	R	S	F	P	K	A
C	U	E	Č	Y	B	U	M	D	U	G	Z	O	H	G	Z
A	L	C	A	T	J	D	D	J	C	P	H	Z	L	J	U
N	J	M	O	R	S	K	I	P	A	S	W	H	M	C	D
U	A	M	N	W	C	J	E	J	M	J	G	Đ	G	A	E
T	A	V	T	B	R	K	O	R	A	L	J	A	C	C	M
S	W	F	I	B	F	A	K	T	Č	G	S	L	N	Z	L
Z	D	G	M	P	H	S	K	N	P	V	O	N	H	D	J
Š	K	A	M	P	I	N	Z	V	G	T	E	R	V	N	D
N	U	P	C	I	C	R	I	K	S	P	B	Z	V	A	L
K	L	B	Đ	S	Đ	R	D	R	L	R	L	D	K	M	E

JEGULJA
KIT
ČAMAC
KORALJA
DUPIN
ŠKAMPI
RAK
PLIME
MEDUZA
VALOVI
KAMENICA
RIBA
HOBOTNICA
SOL
GREBEN
SPUŽVA
MORSKI PAS
KORNJAČA
OLUJA
TUNA

76 - Famiglia

M	C	P	D	V	K	S	E	P	C	V	L	R	D	B	N
P	A	R	T	D	U	E	P	Đ	N	D	G	O	I	L	E
U	N	J	G	N	W	S	M	R	K	G	V	Đ	J	I	R
Đ	B	M	Č	A	R	T	A	J	E	N	Z	A	E	Z	A
E	R	C	F	I	Đ	R	J	F	W	D	I	K	T	A	C
D	A	J	G	Ć	N	A	K	A	B	I	A	Z	E	N	M
J	T	Z	O	K	O	S	A	Y	K	V	K	K	W	C	T
E	J	U	F	A	U	F	K	N	E	Ć	A	K	Đ	I	M
D	A	G	J	J	M	U	Ž	I	A	C	D	Z	H	Đ	L
S	U	P	R	U	G	A	T	K	O	J	P	J	E	J	J
R	K	I	K	Z	J	P	K	S	F	T	P	R	E	W	N
T	W	O	N	E	J	Y	F	N	Z	E	A	J	P	C	P
E	Y	Đ	L	L	G	Y	S	I	O	F	B	C	G	A	A
T	L	O	R	S	Z	P	P	Č	Y	P	I	Y	O	T	C
K	A	J	U	F	B	I	L	O	P	K	P	I	T	O	E
A	D	J	E	T	I	N	J	S	T	V	O	U	R	G	W

PREDAK
DJECA
DIJETE
ROĐAK
KĆI
BRAT
BLIZANCI
DJETINJSTVO
MAJKA
MUŽ
MAJČINSKI
SUPRUGA
NEĆAK
BAKA
DJED
OTAC
OČINSKI
SESTRA
TETKA
UJAK

77 - Creatività

R	U	F	Z	I	V	O	S	A	W	S	V	O	K	U	D
M	I	N	I	O	F	J	U	J	R	B	W	S	F	M	R
P	Z	R	J	P	F	L	E	E	U	K	J	J	Đ	J	A
S	R	A	P	K	E	A	U	Š	I	B	H	E	G	E	M
P	A	I	M	A	Š	T	A	I	T	R	O	Ć	T	T	A
O	Z	Đ	A	K	K	U	C	L	D	I	L	A	U	N	T
N	E	L	J	I	W	D	Z	P	S	N	N	J	O	I	I
T	J	Z	O	L	L	H	O	Đ	C	S	O	A	K	Č	Č
A	I	A	D	S	E	M	O	C	I	J	E	S	Y	K	A
N	Z	I	S	V	I	T	A	L	N	O	S	T	T	I	N
O	I	D	V	N	I	N	T	E	N	Z	I	T	E	T	D
N	V	E	D	Đ	O	I	N	T	U	I	C	I	J	A	G
Đ	H	J	O	I	S	Ć	L	M	W	G	V	J	F	S	T
F	S	E	A	J	I	C	A	R	I	P	S	N	I	T	Z
A	U	T	E	N	T	I	Č	N	O	S	T	C	H	O	H
I	N	V	E	N	T	I	V	N	I	Đ	B	R	U	H	T

VJEŠTINA
UMJETNIČKI
AUTENTIČNOST
JASNOĆA
DRAMATIČAN
EMOCIJE
IZRAZ
FLUIDNOST
IDEJE
MAŠTA
SLIKA
DOJAM
INTENZITET
INTUICIJA
INVENTIVNI
INSPIRACIJA
OSJEĆAJ
SPONTANO
VIZIJE
VITALNOST

78 - Veicoli

H	A	U	T	O	M	O	B	I	L	V	V	K	R	T	H
S	I	F	Y	A	O	D	C	R	U	L	T	D	L	R	E
P	S	T	Y	I	H	S	Y	T	C	A	M	A	Č	A	L
L	K	L	N	J	D	G	G	I	Z	K	M	D	T	J	I
A	A	R	E	A	C	I	N	R	O	M	D	O	P	E	K
V	T	E	C	E	P	K	A	R	A	V	A	N	I	K	O
K	A	M	I	O	N	O	P	Đ	J	K	R	T	L	T	P
R	A	U	S	N	M	D	M	B	C	E	R	R	D	C	T
K	A	G	M	F	P	H	T	O	C	O	A	A	Đ	A	E
U	A	S	N	V	Č	J	G	O	Ć	M	K	K	N	L	R
E	I	R	P	S	U	B	O	T	U	A	E	T	P	B	O
E	N	J	V	M	N	R	B	R	C	I	T	O	R	I	Y
T	P	N	I	O	A	F	P	O	S	W	A	R	T	C	J
K	O	O	S	T	K	D	E	E	V	S	Y	J	H	I	P
K	R	C	M	O	Z	R	A	K	O	P	L	O	V	K	J
C	P	A	K	R	E	T	U	K	S	G	I	W	A	L	J

ZRAKOPLOV
HITNA POMOĆ
AUTOMOBIL
AUTOBUS
ČAMAC
BICIKL
KAMION
KARAVAN
HELIKOPTER
MOTOR
ČUNAK
GUME
RAKETA
SKUTER
PODMORNICA
TAKSI
TRAJEKT
TRAKTOR
VLAK
SPLAV

79 - Natura

U	A	S	P	J	Z	U	N	W	G	U	G	H	G	A	C
D	S	K	Č	W	A	W	S	E	V	P	L	Z	J	G	G
I	K	G	E	J	N	I	T	O	V	I	Ž	I	G	G	B
N	L	H	L	A	A	K	L	W	B	G	C	P	Š	Y	I
A	O	W	E	B	J	S	I	F	Z	H	D	A	E	Ć	H
M	N	H	T	S	O	P	E	D	N	V	O	S	L	G	E
I	I	D	Š	B	K	O	R	I	Y	T	I	G	S	B	A
Č	Š	O	I	U	O	R	O	V	Š	U	M	A	L	U	O
A	T	A	T	K	P	T	Z	L	S	R	L	L	E	A	H
N	E	M	E	Y	S	A	I	J	F	A	G	G	D	Y	I
A	R	U	V	H	S	S	J	I	D	Z	S	A	E	M	Đ
T	K	I	S	P	Đ	Y	A	S	N	I	J	M	N	W	K
I	G	R	J	P	U	S	T	I	N	J	A	E	J	P	Z
B	V	P	Đ	E	N	I	N	A	L	P	S	L	A	Y	B
M	T	A	C	J	K	I	T	K	R	A	F	W	K	I	K
Z	Z	R	P	V	I	A	T	O	P	E	J	L	H	K	Z

ŽIVOTINJE
PČELE
ARKTIK
LJEPOTA
PUSTINJA
DINAMIČAN
EROZIJA
RIJEKA
LIŠĆE
ŠUMA

LEDENJAK
PLANINE
MAGLA
OBLACI
SKLONIŠTE
SVETIŠTE
DIVLJI
SPOKOJAN
TROPSKI
BITAN

80 - Balletto

O	L	D	Y	M	C	B	H	O	H	P	M	D	Đ	C	P
G	L	A	Z	B	A	N	I	R	E	L	A	B	D	Z	B
P	K	Đ	Z	T	Đ	I	Č	Đ	N	U	N	R	Y	Y	U
T	J	T	F	Đ	B	H	A	S	K	A	R	P	Đ	Z	W
P	R	O	B	A	A	T	S	E	G	C	N	G	F	C	W
U	P	O	H	K	O	R	E	O	G	R	A	F	I	J	A
I	M	L	R	Z	D	O	L	R	M	P	J	C	Ć	L	N
L	T	J	J	K	V	W	P	S	K	U	A	K	I	E	I
R	P	M	E	E	E	Đ	H	R	O	B	Ž	Y	Š	T	T
C	A	L	I	T	S	S	B	I	V	L	A	H	I	A	Š
R	I	T	A	M	N	A	T	O	O	I	R	J	M	D	E
A	S	Y	T	D	M	I	K	A	Z	K	Z	M	Z	A	J
T	E	H	N	I	K	A	Č	L	R	A	I	B	G	L	V
F	L	B	C	F	B	J	O	K	U	K	E	B	V	K	C
T	E	T	I	Z	N	E	T	N	I	G	Z	S	V	S	K
G	R	A	C	I	O	Z	A	N	M	H	Z	W	Y	T	W

VJEŠTINA
PLJESAK
UMJETNIČKI
BALERINA
PLESAČI
SKLADATELJ
KOREOGRAFIJA
IZRAŽAJAN
GESTA
GRACIOZAN

INTENZITET
MIŠIĆI
GLAZBA
ORKESTAR
PRAKSA
PROBA
PUBLIKA
RITAM
STIL
TEHNIKA

81 - Paesi #1

I	F	I	I	W	U	N	S	Y	J	K	O	Đ	L	R	O
Z	Y	U	Z	C	V	M	O	K	O	R	A	M	I	U	F
C	A	A	R	V	I	B	Y	R	S	F	H	P	H	M	N
F	N	D	A	J	I	D	N	I	V	I	Y	T	K	U	A
H	F	H	E	Z	V	M	J	L	L	E	L	D	K	N	Y
F	S	D	L	V	T	Z	D	A	U	A	Š	V	P	J	J
E	U	K	A	Z	E	T	F	M	V	N	K	K	L	S	F
E	G	I	P	A	T	N	A	Ž	D	O	B	M	A	K	A
M	N	J	W	K	V	E	E	Z	T	I	M	C	G	A	E
P	L	B	P	S	M	M	K	Z	C	J	N	S	E	Y	I
M	F	J	Đ	J	E	H	Đ	A	U	A	M	A	N	A	P
S	S	Đ	S	L	A	K	Č	A	M	E	J	N	E	F	G
I	R	A	K	O	E	R	O	M	V	W	L	I	S	B	G
V	B	S	H	P	F	I	N	S	K	A	Đ	A	B	A	H
Š	P	A	N	J	O	L	S	K	A	B	R	A	Z	I	L
K	A	N	A	D	A	V	I	J	E	T	N	A	M	L	L

BRAZIL
KAMBODŽA
KANADA
EGIPAT
FINSKA
NJEMAČKA
INDIJA
IRAK
IZRAEL
LIBIJA
MALI
MAROKO
NORVEŠKA
PANAMA
POLJSKA
RUMUNJSKA
SENEGAL
ŠPANJOLSKA
VENEZUELA
VIJETNAM

82 - Geometria

O	K	O	M	I	T	A	M	O	V	F	R	P	U	Z	Đ
M	R	N	O	T	F	B	M	E	U	J	F	W	S	N	I
Y	U	V	O	Y	V	Ž	Y	V	D	B	T	Z	S	Đ	Đ
K	Đ	Y	U	N	Đ	D	H	O	C	I	O	Y	R	U	O
I	R	R	C	Đ	G	A	S	D	T	V	J	Đ	O	I	U
P	O	V	R	Š	I	N	A	O	L	W	H	A	S	J	Y
D	N	U	S	C	E	D	J	R	Đ	F	R	P	N	O	F
H	I	U	O	N	L	E	L	A	R	A	P	J	T	T	F
K	B	M	T	O	C	J	U	V	I	Z	R	A	Č	U	N
D	L	U	E	C	A	F	V	A	V	D	S	K	J	K	K
B	R	O	J	N	M	Đ	I	N	I	K	E	I	W	O	B
R	L	J	C	B	Z	W	R	W	S	N	G	G	U	R	K
V	Đ	H	E	K	E	I	K	D	I	K	M	O	E	T	P
P	R	O	M	J	E	R	J	Z	N	K	E	L	G	S	G
T	E	O	R	I	J	A	Y	A	A	R	N	C	U	O	O
K	P	R	O	P	O	R	C	I	J	A	T	E	N	Z	S

VISINA
KUT
IZRAČUN
KRUG
KRIVULJA
PROMJER
DIMENZIJA
JEDNADŽBA
LOGIKA
MEDIJAN

BROJ
VODORAVAN
PARALELNO
PROPORCIJA
SEGMENT
POVRŠINA
TEORIJA
TROKUT
OKOMIT

83 - Foresta Pluviale

P	P	I	V	F	G	W	B	H	J	R	E	I	G	M	J
T	I	C	O	N	O	T	H	O	T	U	A	C	R	A	O
I	N	A	D	E	J	I	R	V	A	J	D	P	O	H	Z
C	T	L	O	O	B	N	O	V	A	C	O	D	P	O	A
E	F	B	Z	U	B	C	R	B	Z	O	R	S	S	V	J
D	Z	O	E	J	N	A	V	U	Č	O	I	I	T	I	E
K	L	O	M	T	T	S	Y	A	T	W	R	S	A	N	D
N	U	K	C	Đ	Š	F	W	J	A	E	P	A	N	A	N
V	H	K	I	K	Č	I	N	A	T	O	B	V	A	M	I
R	L	U	C	M	K	D	Č	W	Z	Y	H	C	K	I	C
S	R	D	R	I	W	D	O	O	E	C	C	I	Đ	L	A
T	U	I	E	J	N	A	V	O	T	Š	O	P	O	K	Y
A	P	J	Đ	H	Z	A	H	T	C	U	W	F	V	E	M
F	W	M	M	R	A	Z	N	O	L	I	K	O	S	T	S
V	G	R	B	S	P	D	N	T	L	T	F	D	S	U	W
L	Z	T	Y	D	Ž	U	N	G	L	A	Y	Y	S	H	J

VODOZEMCI
BOTANIČKI
KLIMA
ZAJEDNICA
RAZNOLIKOST
DŽUNGLA
AUTOHTONO
KUKCI
SISAVCI
MAHOVINA
PRIRODA
OBLACI
OČUVANJE
VRIJEDAN
OBNOVA
UTOČIŠTE
POŠTOVANJE
OPSTANAK
VRSTA
PTICE

84 - Edifici

M	U	Z	E	J	L	H	K	G	D	K	U	T	U	K	T
L	E	T	O	H	A	N	O	I	Z	L	W	O	S	A	V
S	A	J	A	T	S	V	A	S	N	A	A	R	H	Z	O
T	M	B	V	E	C	K	Š	I	T	O	T	A	N	A	R
A	R	I	O	K	O	A	A	T	I	E	P	N	Z	L	N
D	A	K	R	R	E	T	T	T	T	Š	L	J	V	I	I
I	F	A	G	A	A	C	O	U	A	K	D	K	J	Š	C
O	Z	S	I	M	U	T	R	K	M	O	V	R	E	T	A
N	O	Z	E	R	Z	P	O	P	F	L	O	E	Z	E	R
S	T	A	N	E	B	H	U	R	D	A	R	C	D	H	D
V	R	V	K	P	Đ	Y	P	W	I	R	A	H	A	A	P
U	K	M	V	U	D	F	C	D	B	J	C	D	R	T	Z
R	G	G	T	S	K	A	B	I	N	A	K	Y	N	M	V
B	O	L	N	I	C	A	W	G	W	M	Đ	O	I	E	S
S	V	E	U	Č	I	L	I	Š	T	E	M	B	C	S	B
P	S	F	M	V	G	T	Y	A	V	I	E	M	A	J	G

STAN
KABINA
DVORAC
KINO
TVORNICA
FARMA
STAJA
HOTEL
LABORATORIJ
MUZEJ

BOLNICA
ZVJEZDARNICA
HOSTEL
ŠKOLA
STADION
SUPERMARKET
KAZALIŠTE
ŠATOR
TORANJ
SVEUČILIŠTE

85 - Malattia

A	N	E	G	O	T	A	P	L	S	O	Đ	O	U	S	H
I	L	R	A	A	V	L	A	T	S	S	F	F	G	I	R
M	Z	E	S	S	Y	A	O	M	E	Z	R	K	Y	N	K
U	K	J	R	A	B	P	Đ	C	N	S	R	C	Z	D	H
N	D	L	R	G	L	U	T	J	L	A	H	E	E	R	P
I	P	V	T	R	I	E	P	O	L	E	J	I	T	O	L
T	A	A	I	K	S	J	I	R	E	T	K	A	B	M	U
E	V	R	G	O	M	L	E	K	W	C	O	B	A	H	Ć
T	S	D	Z	D	I	Š	N	I	R	Z	P	J	L	T	N
N	A	Z	A	R	A	Z	S	F	D	O	W	Đ	S	W	I
N	A	S	L	J	E	D	N	O	A	I	N	V	H	Y	J
T	E	R	A	P	I	J	A	C	M	Y	A	I	B	B	D
N	E	U	R	O	P	A	T	I	J	A	T	A	Č	M	S
G	E	N	E	T	S	K	I	G	W	H	U	Đ	L	A	I
G	O	P	F	G	M	P	K	P	Z	B	K	E	K	V	N
J	K	B	G	R	P	V	C	U	V	T	A	M	T	H	D

AKUTAN
ALERGIJE
BAKTERIJSKI
WELLNESS
ZARAZAN
TIJELO
KRONIČAN
SRCE
SLAB
NASLJEDNO
GENETSKI
IMUNITET
UPALA
NEUROPATIJA
PATOGENA
PLUĆNI
DIŠNI
ZDRAVLJE
SINDROM
TERAPIJA

86 - Paesi #2

E	T	I	O	P	I	J	A	L	I	B	E	R	I	J	A
H	Y	N	A	T	S	I	K	A	P	B	N	N	C	J	S
M	M	G	H	U	M	W	S	P	L	J	A	M	S	H	Đ
E	E	P	M	F	C	A	R	E	A	S	P	T	J	A	N
Z	A	K	P	N	L	U	I	N	O	O	I	O	A	I	L
R	H	F	S	K	P	D	G	C	S	F	G	R	J	T	J
F	U	Đ	K	I	B	M	A	O	I	E	R	O	I	I	F
N	H	S	U	Y	K	T	L	G	J	L	Č	U	Z	J	Z
V	V	Z	I	A	Z	O	J	N	R	Y	K	K	E	F	A
S	T	Y	M	J	Đ	P	L	I	V	D	A	R	N	M	W
U	R	O	A	I	A	L	P	Y	Đ	T	K	A	O	S	K
D	Y	R	I	N	A	P	A	J	Z	B	S	J	D	F	S
A	U	Đ	H	A	K	J	A	M	A	J	N	I	N	H	I
N	H	V	F	B	U	G	A	N	D	A	A	N	I	C	Đ
P	P	W	P	L	Y	T	G	S	Đ	V	D	A	V	P	J
S	M	F	G	A	J	I	R	E	G	I	N	T	B	N	V

ALBANIJA
DANSKA
ETIOPIJA
JAMAJKA
JAPAN
GRČKA
HAITI
INDONEZIJA
IRSKA
LAOS
LIBERIJA
MEKSIKO
NEPAL
NIGERIJA
PAKISTAN
RUSIJA
SIRIJA
SUDAN
UKRAJINA
UGANDA

87 - Tipi di Capelli

S	Z	W	Y	Đ	B	K	P	J	F	F	B	I	D	U	H
M	R	D	C	U	H	O	I	Đ	N	D	N	D	U	G	O
F	Y	E	R	S	I	V	A	V	A	Č	R	V	O	K	E
U	B	V	B	A	F	K	T	Y	Đ	Đ	Y	T	A	F	B
U	C	P	A	R	V	R	I	P	L	E	T	E	N	A	E
G	G	Y	L	V	O	A	V	R	P	Č	M	A	A	Š	D
T	A	N	A	K	H	T	O	I	M	R	N	S	K	U	S
H	P	L	F	S	U	A	L	F	C	V	T	L	E	V	W
E	A	L	O	F	S	K	A	F	H	O	G	T	M	A	W
J	O	C	R	N	A	E	V	O	O	K	K	K	S	L	L
Z	P	H	E	A	F	T	A	G	B	S	P	K	A	P	O
R	I	L	E	J	I	B	L	F	I	Y	A	W	Z	F	N
E	O	O	H	A	B	C	E	S	J	O	G	L	E	C	L
D	E	C	I	J	K	I	Ć	E	N	A	W	V	H	H	I
O	A	I	L	S	P	L	E	T	E	N	I	C	E	Đ	B
C	L	N	Đ	L	Z	N	H	I	J	R	U	L	T	J	J

SREBRO
SUHO
BIJELI
PLAVUŠA
KRATAK
ĆELAV
SIVA
PLETENA
SJAJAN
DUGO
SMEĐ
MEKAN
CRNA
VALOVITA
KOVRČAVA
KOVRČE
ZDRAV
TANAK
DEBEO
PLETENICE

88 - Vestiti

I	N	A	M	L	N	G	I	H	O	N	E	H	F	K	I
H	S	J	D	T	H	E	J	D	K	F	C	F	M	O	N
B	O	N	L	J	A	C	Đ	E	U	D	I	I	P	Š	W
E	L	K	D	O	P	I	P	E	A	D	V	Z	R	U	F
R	T	U	P	A	K	R	N	J	H	L	A	Č	E	L	H
Z	D	S	Z	B	U	E	E	C	K	R	K	B	P	J	A
P	Y	K	D	A	Š	P	U	G	P	Z	U	K	M	A	K
Y	R	P	Š	L	E	A	H	I	A	J	R	B	E	C	K
I	A	A	A	E	Š	R	Y	A	G	Č	H	A	Ž	I	I
D	S	O	L	P	I	T	W	S	L	Y	A	H	D	V	T
M	W	P	E	I	R	O	S	A	M	J	C	N	S	K	Y
O	D	M	N	C	A	R	L	N	V	A	I	F	Z	U	A
D	P	B	R	B	Y	Đ	A	D	E	T	U	N	T	R	O
A	C	I	L	R	G	O	S	A	J	O	P	Đ	A	A	J
P	I	D	Ž	A	M	A	A	L	D	V	N	Z	O	N	H
Z	Y	Y	J	U	I	N	Z	E	K	J	A	K	N	A	W

HALJINA
NARUKVICA
BLUZA
KOŠULJA
ŠEŠIR
KAPUT
POJAS
OGRLICA
JAKNA
SUKNJA
PREGAČA
RUKAVICE
TRAPERICE
DŽEMPER
MODA
HLAČE
PIDŽAMA
SANDALE
CIPELA
ŠAL

89 - Attività e Tempo Libero

Z	Đ	O	L	N	W	R	A	S	B	Z	D	J	C	Đ	K
H	O	B	I	J	I	H	O	W	L	E	Y	R	I	D	V
K	O	Š	A	R	K	A	G	N	T	I	J	C	Z	A	Z
M	Đ	O	D	B	O	J	K	A	J	C	K	Z	I	R	Z
P	U	T	O	V	A	T	I	O	V	E	V	A	B	C	T
I	H	M	W	Đ	A	Đ	G	P	R	J	N	I	T	O	M
L	N	O	G	O	M	E	T	U	T	N	J	J	U	V	L
T	Y	P	Đ	P	C	J	G	Š	L	A	T	A	E	T	E
B	E	L	T	Đ	E	N	A	T	A	R	E	I	J	S	Z
V	Z	U	V	T	V	A	Z	A	R	I	N	V	N	R	F
B	O	K	S	J	F	F	D	N	S	P	I	D	A	A	I
Đ	I	Z	I	K	C	R	H	J	T	M	S	A	V	B	G
J	T	M	U	J	S	U	Đ	E	V	A	A	T	I	I	O
T	Y	G	P	Z	Y	S	Đ	Đ	O	K	V	I	L	R	L
U	M	J	E	T	N	O	S	T	V	I	I	S	P	H	F
P	J	E	Š	A	Č	E	N	J	E	C	M	F	Y	I	M

UMJETNOST
BEJZBOL
KOŠARKA
BOKS
NOGOMET
KAMPIRANJE
PJEŠAČENJE
VRTLARSTVO
GOLF
HOBIJI
RONJENJE
PLIVANJE
ODBOJKA
RIBARSTVO
SLIKA
OPUŠTANJE
SURFANJE
TENIS
PUTOVATI

90 - Meteo

G	P	D	H	F	Y	R	K	L	I	M	A	J	U	L	O
T	F	A	H	Z	N	A	O	D	A	N	R	O	T	A	S
E	C	V	T	W	Đ	T	R	C	Z	Z	R	W	W	S	U
L	Z	N	Y	Y	W	E	Z	Z	F	C	U	A	Z	L	Š
I	O	R	M	U	N	J	A	T	L	M	D	E	L	P	A
K	J	C	O	J	B	V	Z	E	S	U	Đ	Đ	G	O	Z
S	C	P	R	M	E	K	C	U	E	O	H	Y	R	B	P
P	M	P	P	D	A	Z	V	R	L	E	J	M	S	E	D
O	O	O	G	R	M	L	J	A	V	I	N	A	E	N	G
R	B	W	N	C	H	O	A	C	V	H	K	L	B	D	E
T	L	L	N	S	W	L	R	J	I	M	I	O	H	U	S
D	Z	I	A	R	U	T	A	R	E	P	M	E	T	G	Z
N	I	P	G	K	W	N	T	K	H	H	P	V	L	A	R
A	Z	P	A	R	E	F	S	O	M	T	A	L	G	A	M
B	C	A	R	A	T	E	J	V	O	P	V	H	Y	V	G
W	A	B	U	C	Đ	H	B	Đ	M	Y	V	F	T	A	Đ

DUGA
SUHO
ATMOSFERA
POVJETARAC
NEBO
KLIMA
MUNJA
LED
MONSUN
MAGLA

OBLAK
POLARNI
SUŠA
TEMPERATURA
OLUJA
TORNADO
TROPSKI
GRMLJAVINA
URAGAN
VJETAR

91 - Corpo Umano

N	B	I	W	R	A	M	E	C	I	L	I	U	G	Z	H
J	A	M	L	D	K	N	C	C	P	J	O	C	W	N	O
U	G	O	C	H	I	T	R	I	U	N	F	H	C	R	K
N	S	E	A	Đ	J	T	S	K	H	Z	M	Z	A	S	O
A	T	T	M	O	Z	A	K	M	L	O	S	V	S	M	E
F	O	A	A	Y	J	R	Ž	G	D	D	H	G	Z	H	D
A	P	K	V	P	L	V	K	O	L	J	E	N	O	U	H
I	J	A	A	O	B	R	C	B	K	I	A	H	V	W	P
D	A	L	L	B	K	K	Z	H	Z	N	Đ	A	R	I	T
B	G	T	G	O	J	P	T	Y	N	O	F	B	P	I	C
N	O	L	V	R	R	M	G	C	T	S	R	P	J	C	N
T	N	O	E	L	O	L	U	H	O	D	D	Z	P	Y	P
Z	R	L	T	Ž	Z	W	C	Y	O	C	O	R	N	B	G
S	E	F	H	S	A	K	U	R	G	F	C	V	V	U	H
P	B	K	H	Y	V	N	B	R	A	D	A	E	E	Z	H
M	L	F	A	J	L	P	J	Ž	E	L	U	D	A	C	H

USTA
GLEŽANJ
MOZAK
VRAT
SRCE
PRST
LICE
NOGA
KOLJENO
LAKAT
RUKA
BRADA
NOS
OKO
UHO
KOŽA
KRV
RAME
ŽELUDAC
GLAVA

92 - Mammiferi

B	B	P	W	D	Z	E	A	I	J	E	A	Z	Y	S	N
T	H	W	M	B	Z	T	K	P	D	J	W	Y	R	Y	M
Z	I	Z	I	P	E	B	I	O	G	K	J	L	D	O	K
F	O	T	Đ	H	C	N	I	P	U	D	T	K	B	H	E
J	J	Y	S	V	H	B	G	K	I	I	U	J	Đ	A	C
W	T	C	K	V	C	Đ	V	U	K	W	J	E	H	M	W
N	C	K	G	I	Đ	O	V	S	N	F	W	L	I	W	J
O	V	C	E	A	T	O	Đ	Y	E	T	S	E	H	N	O
W	A	Z	N	R	L	Ž	I	R	A	F	A	N	Đ	F	Đ
L	L	Y	G	B	D	I	P	W	Y	J	Y	N	C	L	L
U	I	A	W	E	Đ	T	R	F	L	I	S	I	C	A	L
Y	Y	W	F	Z	K	I	K	O	N	J	A	I	A	L	I
Đ	F	M	J	R	D	S	F	S	G	E	P	L	E	S	J
Y	O	O	F	O	K	O	J	O	T	K	L	O	K	A	N
J	T	W	S	L	O	N	U	M	J	A	M	U	M	V	T
M	A	Č	K	A	Đ	S	L	K	Đ	G	O	W	P	M	T

KIT
PAS
KLOKAN
KONJ
JELEN
ZEC
KOJOT
DUPIN
SLON
MAČKA
ŽIRAFA
GORILA
LAV
VUK
SNOSITI
OVCE
MAJMUN
BIK
LISICA
ZEBRA

93 - Arrampicata

S	B	S	Z	W	J	Đ	F	R	A	O	O	O	W	Đ	U
T	I	L	N	N	E	R	E	T	G	O	Z	E	U	Đ	P
A	Č	Z	P	A	A	N	I	S	I	V	L	R	M	P	Y
B	I	K	A	E	G	T	S	Y	C	I	J	E	Đ	D	K
I	D	O	R	Z	Đ	A	I	Đ	A	A	E	M	Z	I	Č
L	O	R	E	E	O	N	A	Ž	K	P	D	D	P	D	V
N	V	U	F	G	V	V	B	R	E	I	A	H	V	Đ	F
O	S	K	S	E	Z	L	I	C	W	L	O	B	U	K	A
S	G	A	O	F	I	Z	I	Č	K	I	J	Z	S	Z	P
T	O	V	M	H	B	F	P	E	S	D	M	A	Y	U	W
Z	U	I	T	I	Z	U	S	J	M	Z	B	Y	D	F	U
P	W	C	A	J	L	I	P	Š	P	I	R	G	O	K	R
D	M	E	J	N	E	Č	A	Š	E	J	P	G	O	A	W
U	D	C	K	D	E	B	B	Z	B	B	A	U	R	R	G
C	V	S	T	D	E	J	K	A	J	N	Č	U	R	T	S
L	S	N	K	F	R	W	S	R	M	J	C	D	F	A	Đ

VISINA
ATMOSFERA
KACIGA
ZNATIŽELJA
PJEŠAČENJE
STRUČNJAK
FIZIČKI
OBUKA
SNAGA
ŠPILJA
RUKAVICE
VODIČI
OZLJEDA
KARTA
IZAZOVI
STABILNOST
ČIZME
SUZITI
TEREN

94 - Giardinaggio

Z	F	K	N	F	R	E	K	N	E	M	E	J	S	S	P
D	B	H	Đ	H	J	G	R	L	I	Š	Ć	E	H	E	K
K	L	I	M	A	R	Z	C	V	J	E	T	N	I	Z	A
V	R	S	T	A	O	O	V	I	T	S	E	J	L	O	J
M	R	E	N	J	E	T	N	O	K	S	E	E	T	N	C
B	I	Z	I	D	A	I	W	F	Z	K	O	J	G	S	R
Đ	J	J	Đ	E	Z	Č	V	U	H	M	M	P	M	K	D
N	T	V	P	P	N	N	L	O	T	H	C	I	M	I	N
B	U	K	E	T	W	O	P	V	D	C	C	K	Z	O	D
V	O	Ć	N	J	A	K	U	G	U	A	G	Č	P	T	K
Y	J	Y	Z	S	G	K	N	H	P	J	R	I	W	Z	S
M	C	C	B	L	A	A	O	B	E	M	C	N	Đ	K	D
B	Z	Đ	G	Z	L	T	R	Đ	N	H	H	A	U	D	R
C	R	I	J	E	V	O	C	V	I	J	E	T	S	I	L
B	Đ	U	W	I	R	M	Đ	Z	N	A	M	O	C	R	Y
P	R	L	J	A	V	Š	T	I	N	A	D	B	T	L	O

VODA
BOTANIČKI
KLIMA
JESTIVO
KOMPOST
KONTEJNER
EGZOTIČNO
CVIJET
CVJETNI
LIST
LIŠĆE
VOĆNJAK
BUKET
SJEMENKE
VRSTA
PRLJAVŠTINA
SEZONSKI
TLO
CRIJEVO
VLAGA

95 - Universo

M	J	Z	O	D	P	F	F	P	A	E	I	M	E	K	P
U	N	B	K	Z	H	A	T	M	O	S	F	E	R	A	N
V	H	E	I	K	Č	I	M	Z	O	K	Z	U	K	M	E
A	S	T	R	O	N	O	M	I	J	A	S	D	T	A	B
S	B	U	L	Š	P	V	H	I	K	Z	A	E	Z	T	O
G	J	S	K	F	I	C	A	J	I	S	K	A	L	A	G
T	V	U	B	R	D	R	I	Y	I	D	N	B	Đ	E	M
S	U	N	Č	A	N	O	I	K	L	F	W	N	P	M	T
A	S	T	E	R	O	I	D	N	Z	T	C	E	B	J	G
V	H	V	K	A	V	F	E	J	A	A	Đ	B	W	E	J
D	U	Ž	I	N	A	R	E	F	S	I	M	E	H	S	S
U	T	T	J	J	I	C	I	T	S	L	O	S	R	E	A
V	W	B	C	F	L	D	K	Z	M	D	Y	K	Z	C	O
O	R	B	I	T	A	D	D	I	K	A	J	I	D	O	Z
M	G	G	I	U	R	I	I	H	O	R	I	Z	O	N	T
A	S	T	R	O	N	O	M	V	U	E	Y	P	L	O	Đ

ASTEROID
ASTRONOMIJA
ASTRONOM
ATMOSFERA
TAMA
NEBESKI
NEBO
KOZMIČKI
HEMISFERA
GALAKSIJA
ŠIRINA
DUŽINA
MJESEC
ORBITA
HORIZONT
SUNČANO
SOLSTICIJ
TELESKOP
VIDLJIV
ZODIJAK

96 - Jazz

D	K	A	P	B	H	R	B	I	I	U	S	T	A	R	I
F	A	O	B	O	W	I	R	A	T	S	E	K	R	O	S
Z	O	N	N	I	G	K	R	R	A	I	R	I	T	A	M
G	Y	R	A	C	U	E	U	W	N	A	R	U	U	U	Y
S	T	I	L	N	E	P	U	G	Z	P	Y	O	V	O	N
L	B	G	R	N	N	R	V	T	O	K	I	B	V	K	H
W	L	L	G	W	W	C	T	A	P	J	E	S	M	A	B
A	V	A	T	S	A	S	D	W	K	E	J	V	U	S	F
M	S	Z	K	N	A	G	L	A	S	A	K	B	B	E	T
Đ	R	B	B	I	U	M	J	E	T	N	I	K	L	J	A
N	T	A	H	C	N	V	Z	Ž	A	N	R	N	A	L	L
C	D	R	G	R	N	H	H	V	I	A	S	E	Z	P	E
T	P	S	G	J	W	Z	E	A	H	U	B	N	T	S	N
Z	E	U	K	Z	T	H	D	T	M	O	M	G	S	G	T
S	K	L	A	D	A	T	E	L	J	Y	V	O	N	R	F
I	M	P	R	O	V	I	Z	A	C	I	J	A	R	C	U

ALBUM
PLJESAK
UMJETNIK
PJESMA
SKLADATELJ
SASTAV
KONCERT
NAGLASAK
POZNATI
ŽANR

IMPROVIZACIJA
GLAZBA
NOVO
ORKESTAR
FAVORITI
RITAM
STIL
TALENT
TEHNIKA
STAR

97 - Vacanze #2

S	T	P	N	M	I	C	S	W	W	I	J	Y	S	T	Y
T	Y	M	U	F	O	R	O	G	V	E	Đ	J	H	A	A
R	O	M	D	O	G	H	O	O	D	A	W	C	U	K	P
A	Ž	A	L	P	Z	U	R	C	I	N	K	H	P	S	U
N	V	U	R	O	T	A	Š	C	Y	N	Đ	F	N	I	T
A	A	J	N	E	J	N	A	R	I	P	M	A	K	Z	O
C	J	D	A	J	S	O	D	R	E	D	I	Š	T	E	V
O	S	T	C	N	V	T	S	S	K	T	L	K	Đ	C	N
E	J	I	F	A	R	G	O	T	O	F	M	L	T	P	I
O	P	Z	O	V	E	J	I	R	P	I	O	F	B	S	C
T	L	E	T	O	H	K	I	G	A	T	R	A	K	G	A
O	A	P	L	T	J	Y	J	G	A	N	E	S	I	P	V
K	N	G	H	U	Z	R	A	Č	N	A	L	U	K	A	I
A	I	T	V	P	G	K	C	Z	Z	R	I	A	H	G	Z
L	N	W	T	T	K	Đ	P	Y	T	F	E	J	G	H	A
V	E	M	G	E	B	Z	Z	E	Y	O	O	W	K	J	R

ZRAČNA LUKA
KAMPIRANJE
ODREDIŠTE
FOTOGRAFIJE
HOTEL
OTOK
KARTA
MORE
PLANINE
PUTOVNICA
RESTORAN
PLAŽA
STRANAC
TAKSI
ŠATOR
PRIJEVOZ
VLAK
ODMOR
PUTOVANJE
VIZA

98 - Attività

Z	U	T	L	Y	W	V	F	I	Z	K	F	D	R	P	N
B	A	K	I	M	A	R	E	K	A	A	O	E	I	J	B
T	J	G	P	O	D	M	R	V	D	M	T	V	B	E	V
Z	I	V	O	L	B	L	G	E	O	P	O	R	A	Š	J
F	G	L	T	N	E	R	I	D	V	I	G	T	R	A	E
P	A	O	U	N	E	S	T	O	O	R	R	L	S	Č	Š
O	M	L	H	C	J	T	Đ	Z	L	A	A	A	T	E	T
P	R	S	J	Z	N	S	K	V	J	N	F	R	V	N	I
U	T	O	Z	L	A	O	Y	E	S	J	I	S	O	J	N
Š	U	I	G	N	V	N	T	J	T	E	J	T	W	E	A
T	P	C	S	Đ	I	T	O	N	V	N	A	V	A	Đ	L
A	D	P	E	Đ	Š	E	K	A	O	R	D	O	L	U	F
N	P	C	J	L	J	J	O	T	Y	A	T	C	N	D	L
J	T	S	N	W	L	M	A	I	S	E	R	E	T	N	I
E	E	N	O	B	I	U	E	Č	Z	U	H	B	L	T	B
A	K	T	I	V	N	O	S	T	C	B	Z	K	W	O	H

VJEŠTINA
UMJETNOST
OBRT
AKTIVNOST
LOV
KAMPIRANJE
KERAMIKA
ŠIVANJE
PLES
PJEŠAČENJE

FOTOGRAFIJA
VRTLARSTVO
IGRE
INTERESI
ČITANJE
MAGIJA
RIBARSTVO
ZADOVOLJSTVO
ZAGONETKE
OPUŠTANJE

99 - Diplomazia

H	D	G	D	V	I	N	T	E	G	R	I	T	E	T	S
E	I	T	Z	Y	U	R	H	L	S	K	O	R	J	S	U
B	T	V	M	B	D	Y	J	E	Z	I	C	I	N	U	K
A	M	B	A	S	A	D	O	R	F	U	S	V	E	R	O
W	M	I	K	S	T	A	M	O	L	P	I	D	Š	A	B
R	A	S	P	R	A	V	A	V	J	C	G	D	E	D	G
P	O	L	I	T	I	K	A	O	D	A	U	M	J	N	G
Đ	N	G	J	S	B	V	H	G	M	M	R	L	R	J	G
P	S	E	N	E	R	Z	J	U	I	W	N	D	E	A	R
F	R	Y	V	P	B	Đ	Z	V	Đ	S	O	F	G	E	A
S	E	A	K	U	L	D	O	F	A	Y	S	E	V	M	Đ
J	L	K	V	G	R	A	Đ	A	N	I	T	G	C	O	A
M	O	I	C	D	Z	A	J	E	D	N	I	C	A	V	N
C	R	T	Y	P	A	D	A	L	V	E	D	S	W	A	S
O	K	E	S	A	V	J	E	T	N	I	K	V	R	O	K
H	U	M	A	N	I	T	A	R	N	I	L	C	F	V	I

AMBASADOR
GRAĐANI
GRAĐANSKI
ZAJEDNICA
SUKOB
SAVJETNIK
SURADNJA
DIPLOMATSKI
RASPRAVA
ETIKA
PRAVDA
VLADA
INTEGRITET
JEZICI
POLITIKA
ODLUKA
SIGURNOST
RJEŠENJE
UGOVOR
HUMANITARNI

100 - Misurazioni

M	A	R	G	W	G	T	R	S	R	C	M	J	Đ	Z	V
A	I	Č	U	N	C	A	I	J	D	L	H	O	Z	Đ	M
R	J	N	A	P	U	T	S	T	N	R	U	M	C	D	B
G	V	I	U	W	I	V	A	M	Đ	U	G	P	E	U	K
O	O	F	A	T	R	N	I	I	W	Z	Z	P	Z	U	U
L	L	N	H	J	A	H	R	F	A	D	Y	B	V	U	B
I	U	U	B	A	T	N	I	H	N	L	Đ	W	J	Z	Y
K	M	H	D	B	E	M	I	V	I	S	I	N	A	D	T
K	E	Y	S	G	M	E	R	B	Ž	T	W	V	N	E	O
P	N	R	H	B	O	T	T	M	U	W	T	F	B	C	N
N	L	Đ	W	E	L	A	J	L	D	D	E	Y	I	I	A
V	M	I	A	N	I	R	I	Š	C	J	Ž	O	A	M	U
P	A	V	T	Z	K	J	R	A	B	R	I	O	G	A	M
R	S	I	M	R	A	T	E	M	I	T	N	E	C	L	O
E	A	B	A	Z	A	V	U	W	F	L	A	E	F	A	D
S	W	K	F	W	M	D	J	P	M	C	E	F	Y	U	G

VISINA
BAJT
CENTIMETAR
KILOGRAM
KILOMETAR
DECIMALA
STUPANJ
GRAM
ŠIRINA
LITRA
DUŽINA
MASA
METAR
MINUTA
UNCA
TEŽINA
INČ
DUBINA
TONA
VOLUMEN

1 - Scacchi

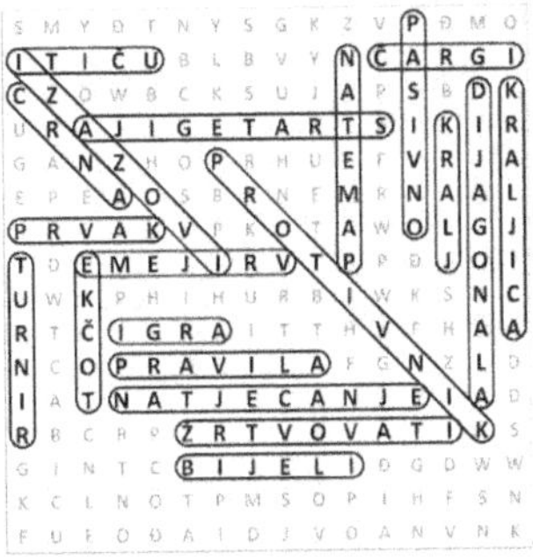

2 - Salute e Benessere #2

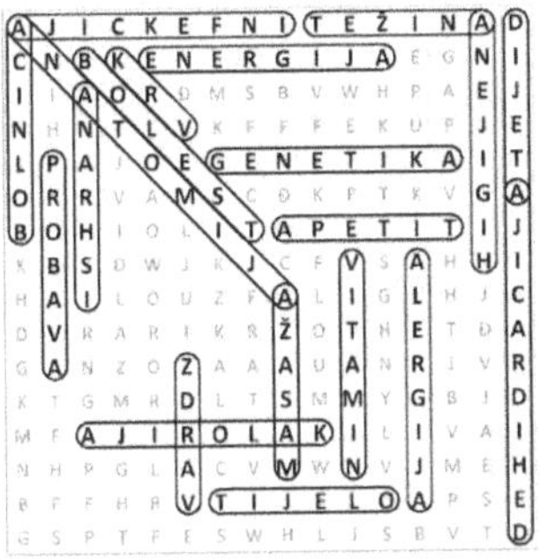

3 - Aggettivi #2

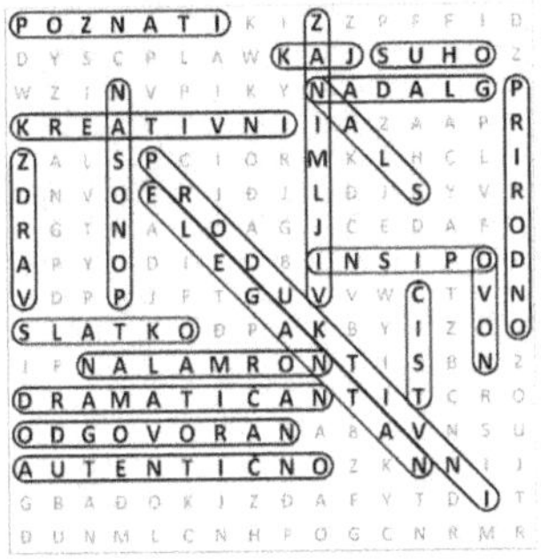

4 - Ingegneria

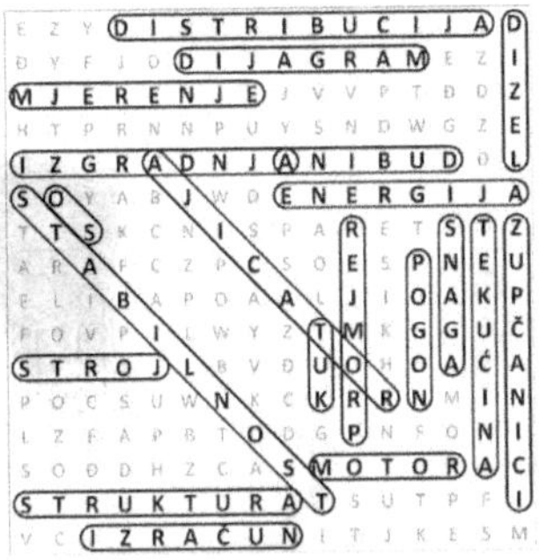

5 - Archeologia

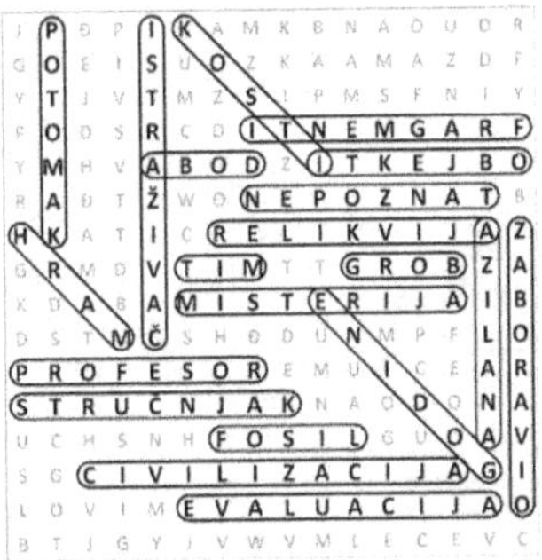

6 - Salute e Benessere #1

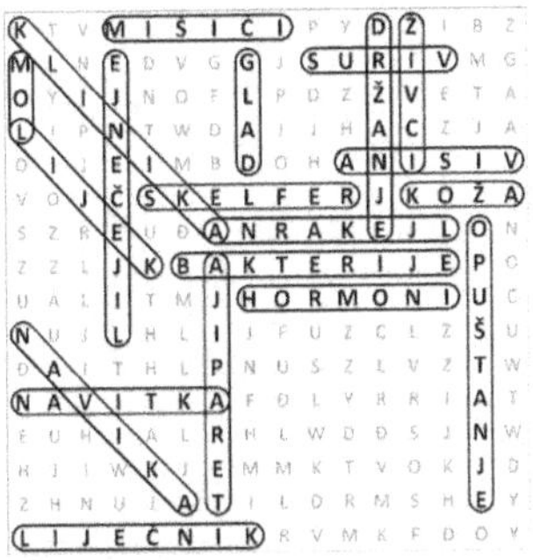

7 - Aggettivi #1

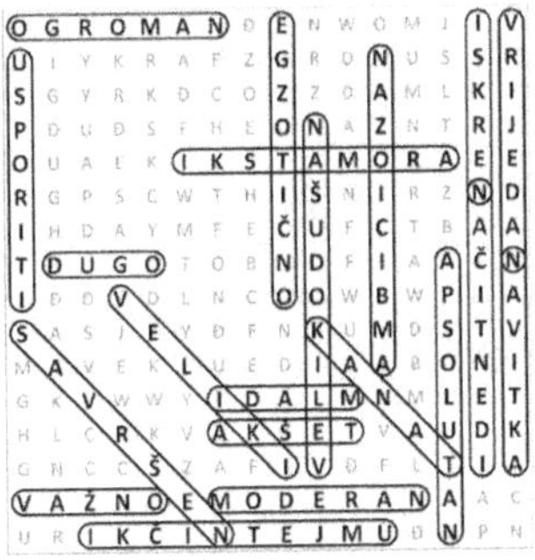

8 - Geologia

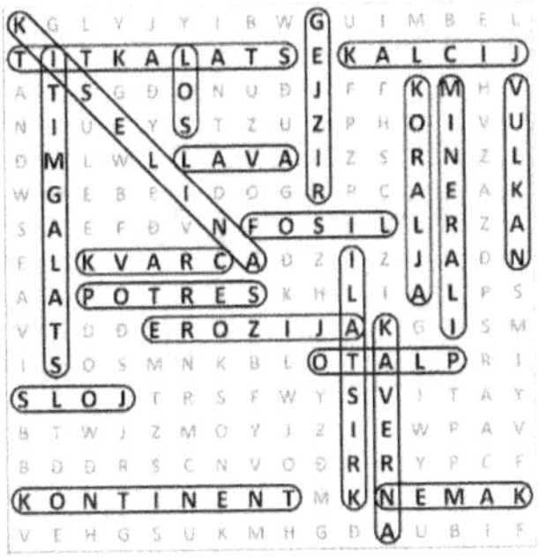

9 - Campeggio

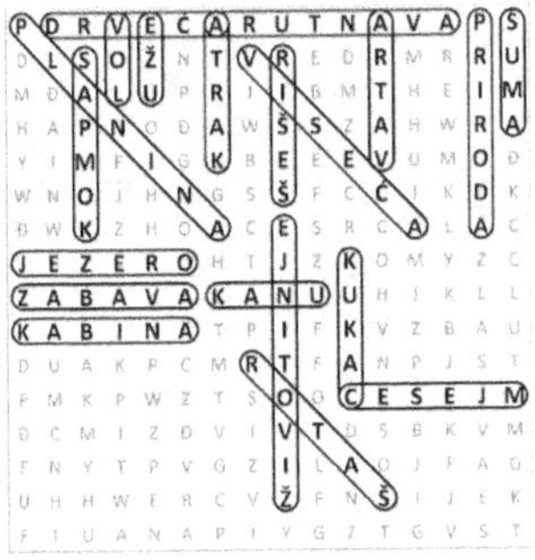

10 - Tempo

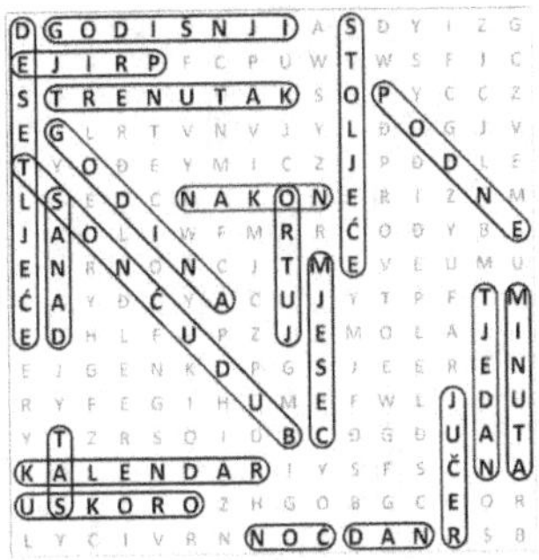

11 - Astronomia

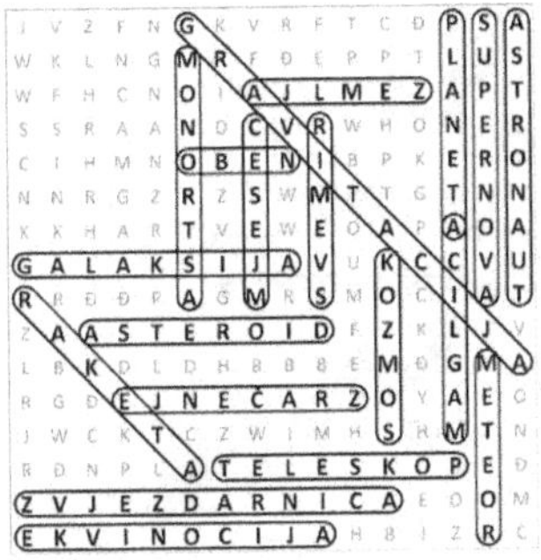

12 - Algebra

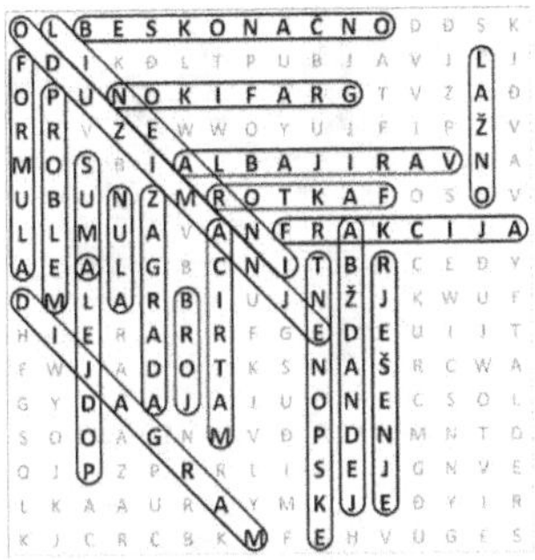

13 - Mitologia

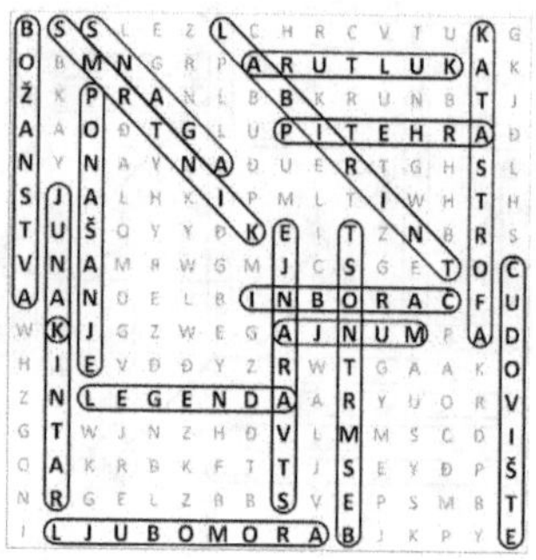

14 - Piante

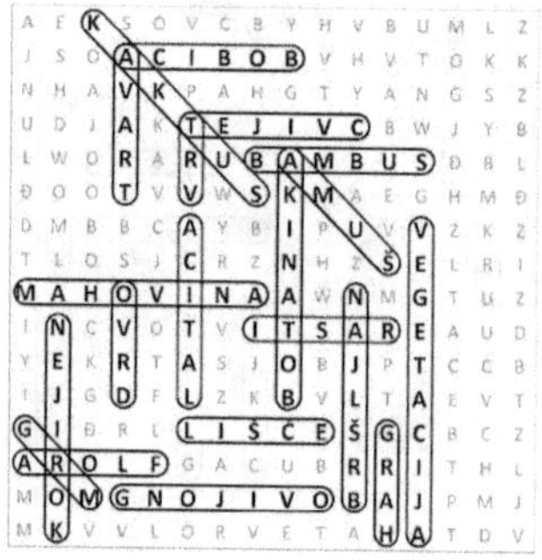

15 - Spezie

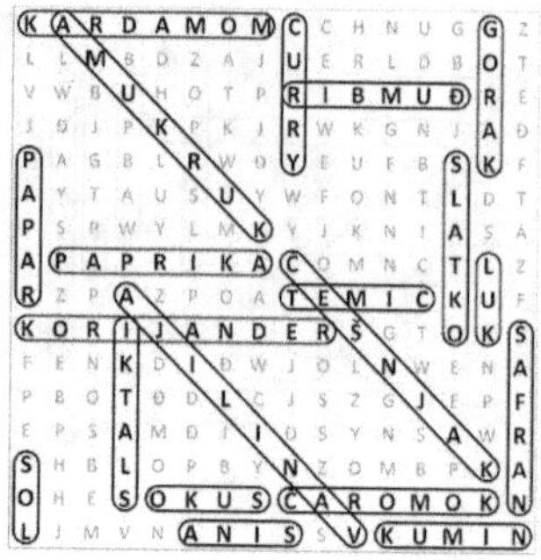

16 - Numeri

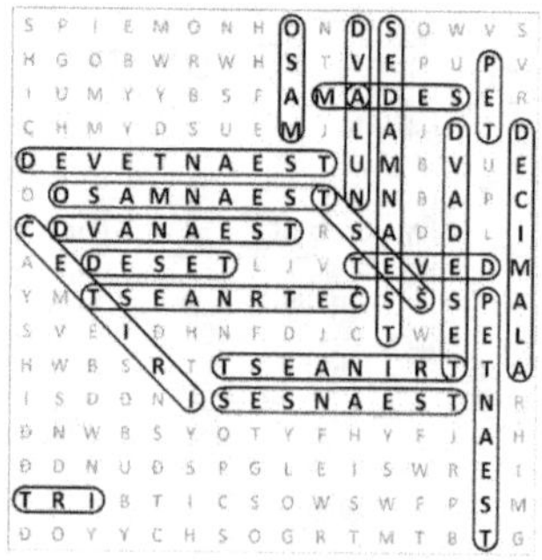

17 - Cioccolato

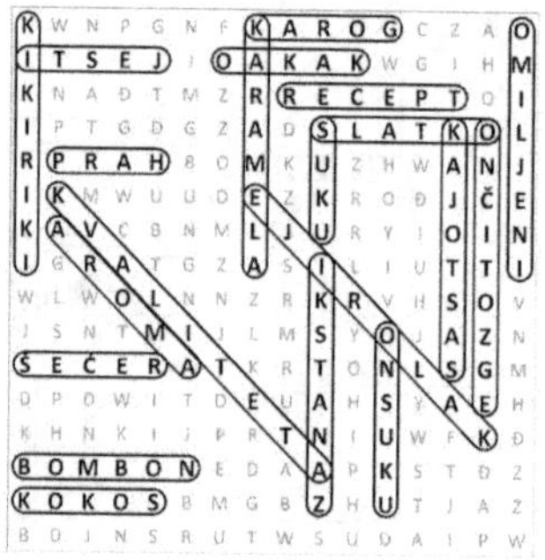

18 - Immigrazione

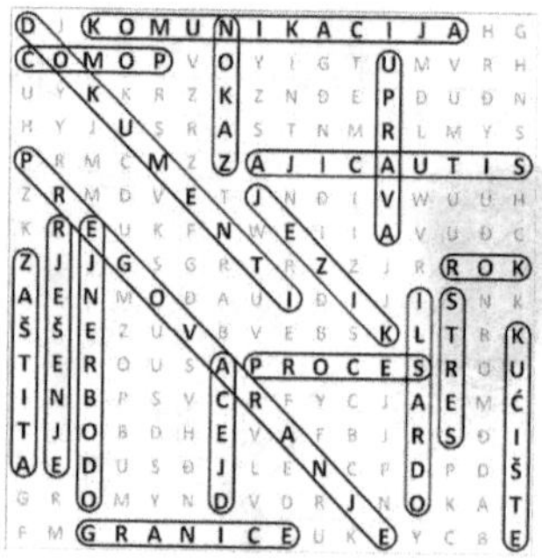

19 - Guida

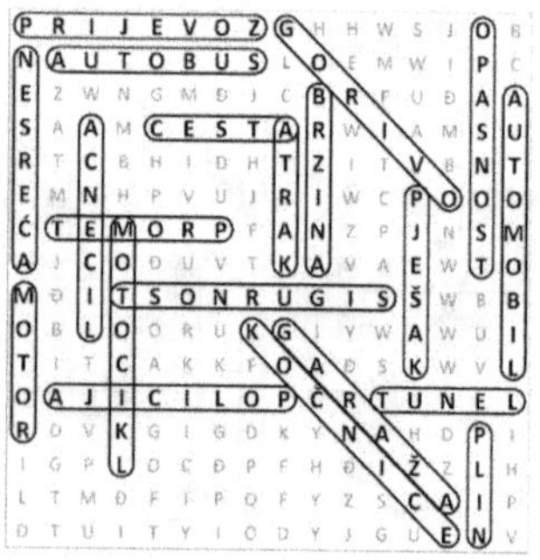

20 - I Media

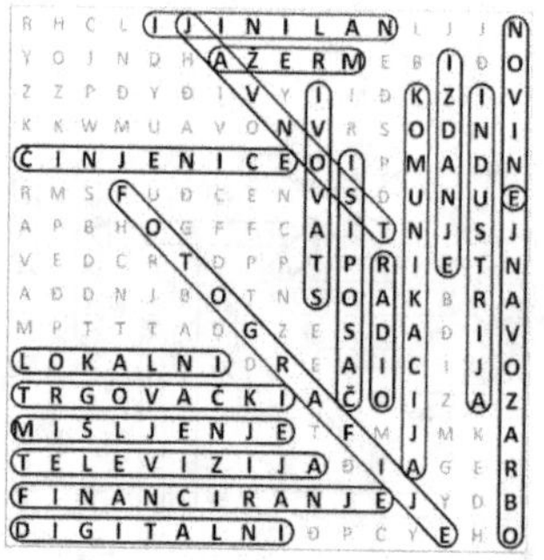

21 - Forza e Gravità

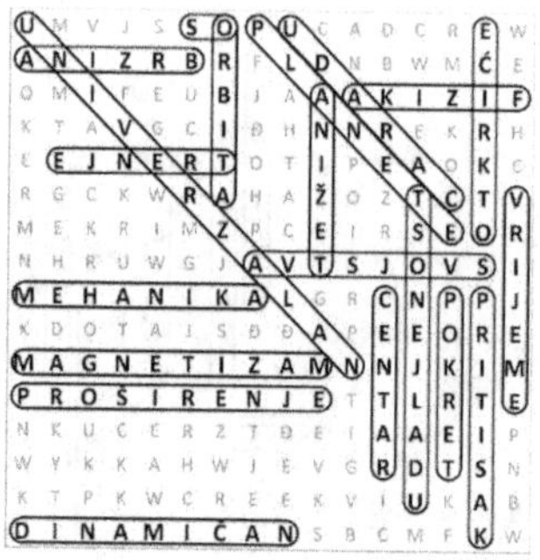

22 - Sport

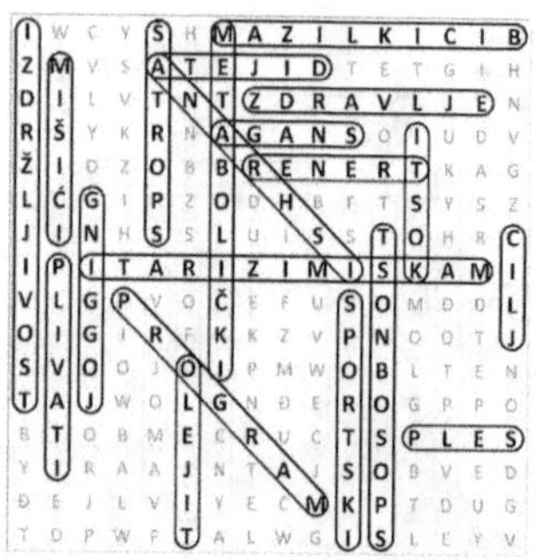

23 - Caffè

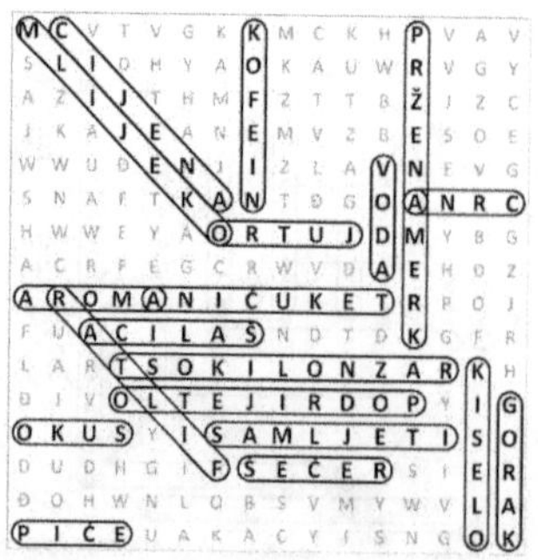

24 - Uccelli

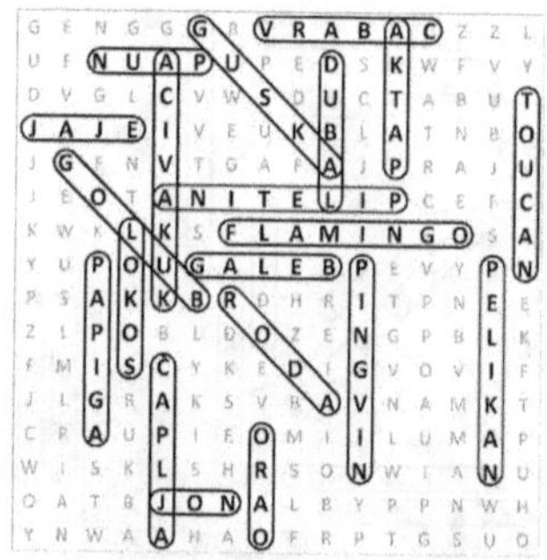

25 - Giorni e Mesi

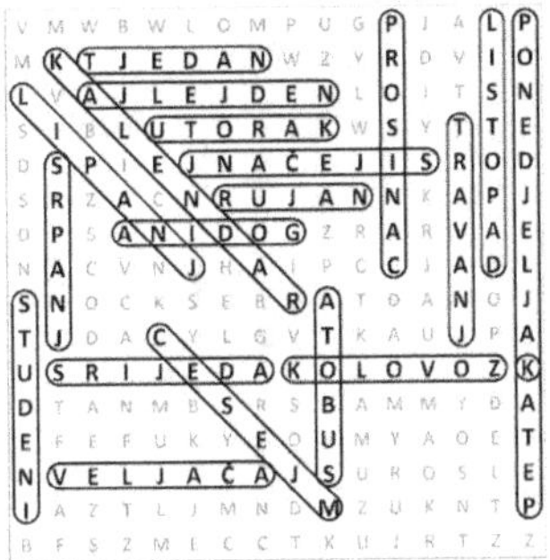

26 - Casa

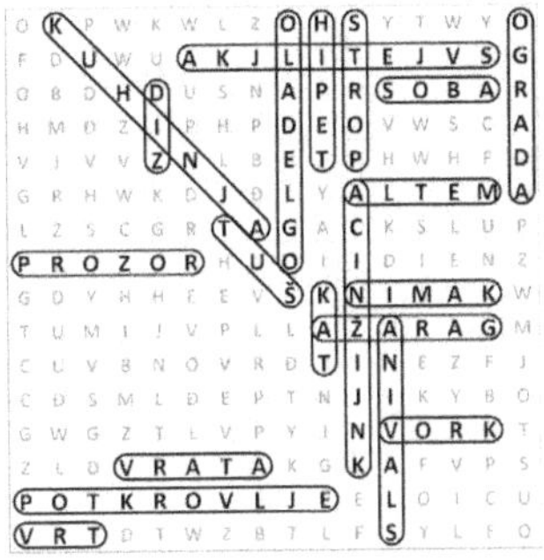

27 - Ristorante #1

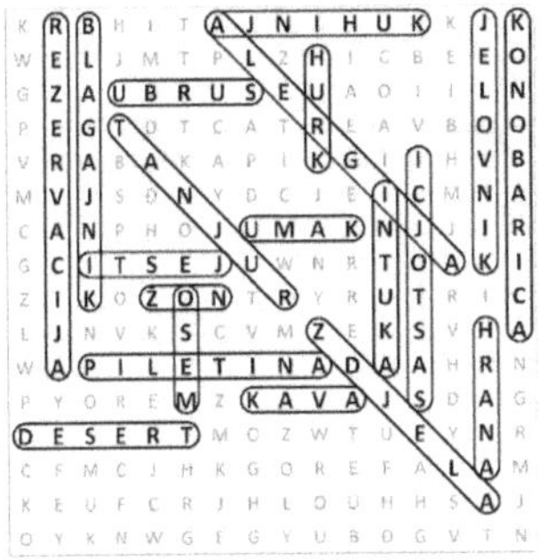

28 - Fantascienza

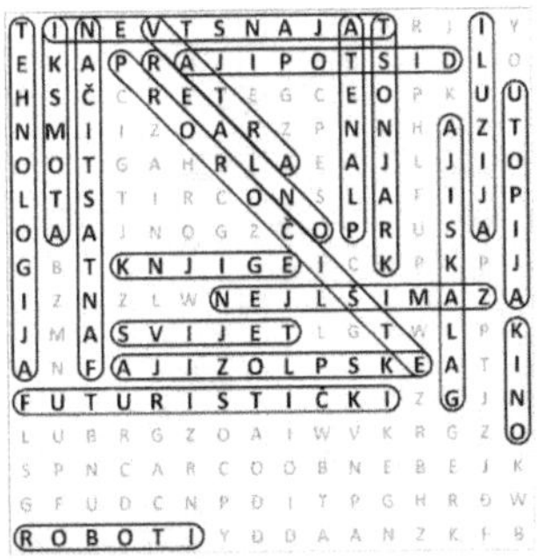

29 - Città

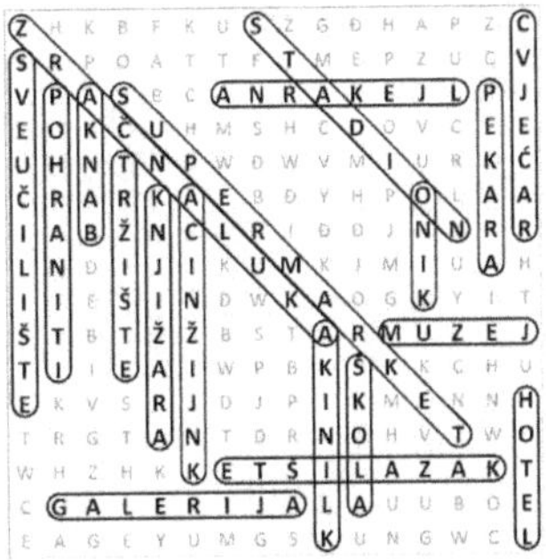

30 - Fattoria #1

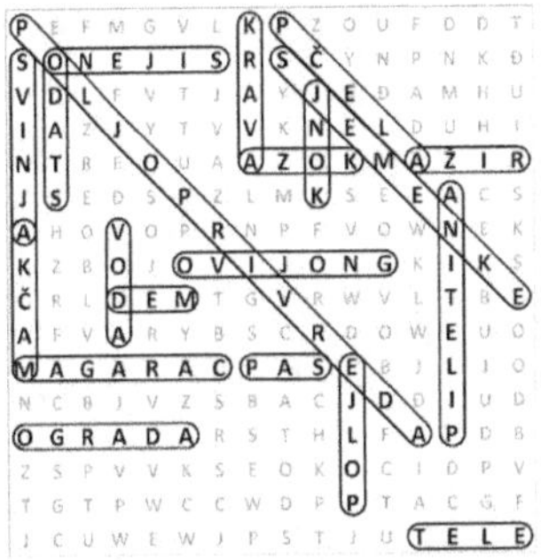

31 - Psicologia

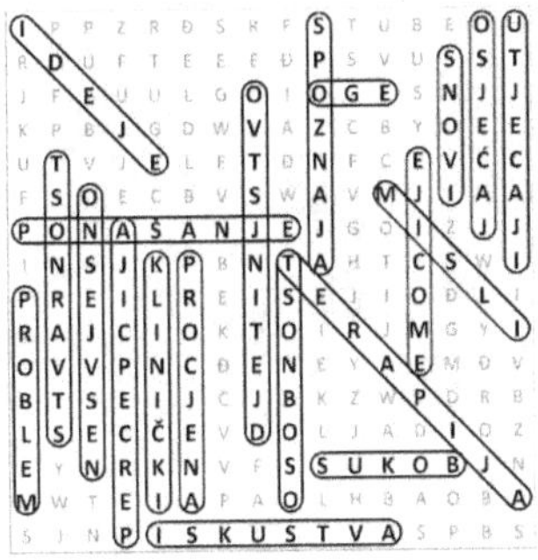

32 - Paesaggi

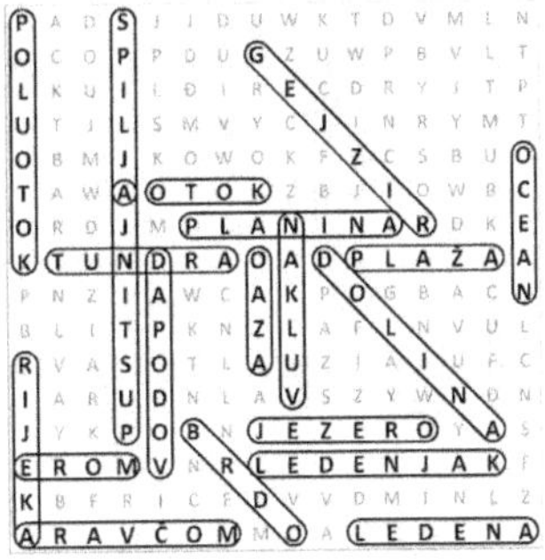

33 - Energia

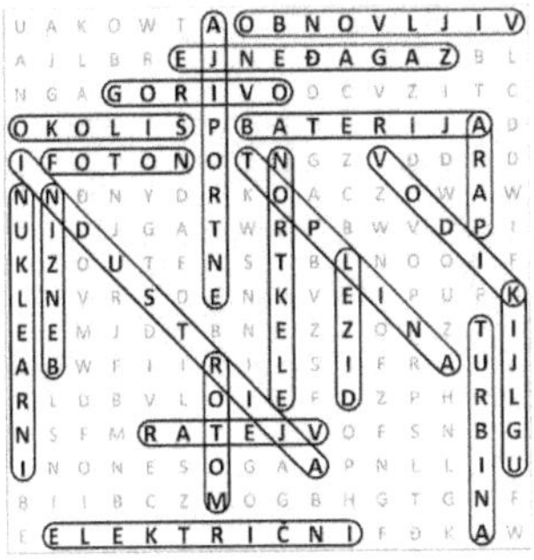

34 - Ristorante #2

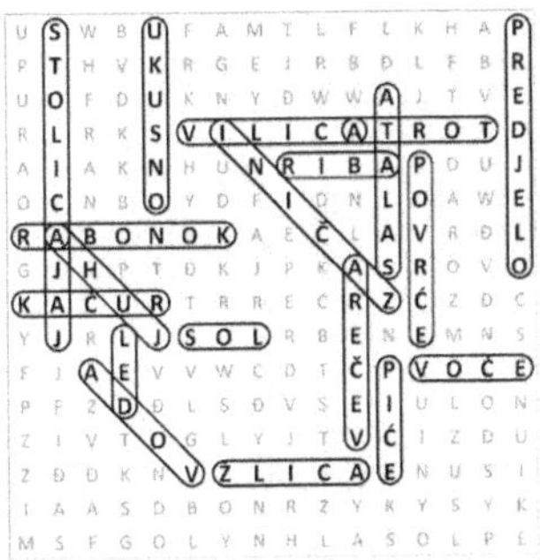

35 - Giardino

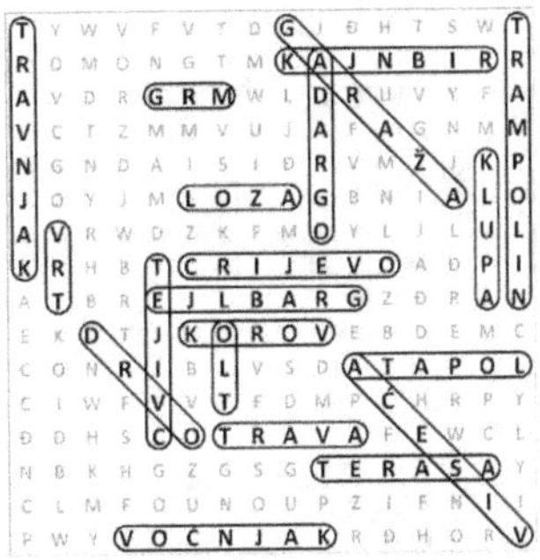

36 - Riscaldamento Gl

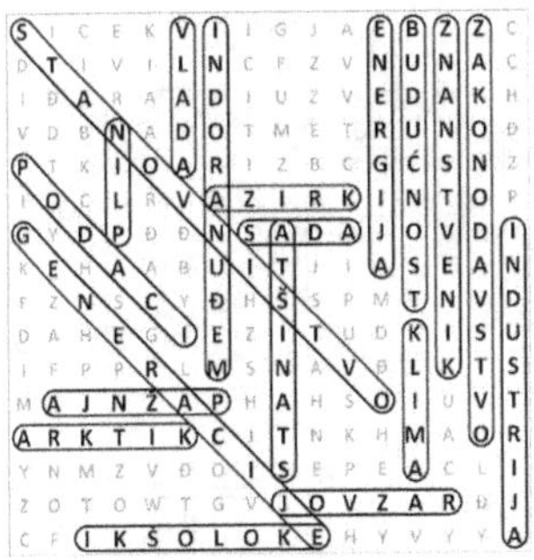

37 - Frutta

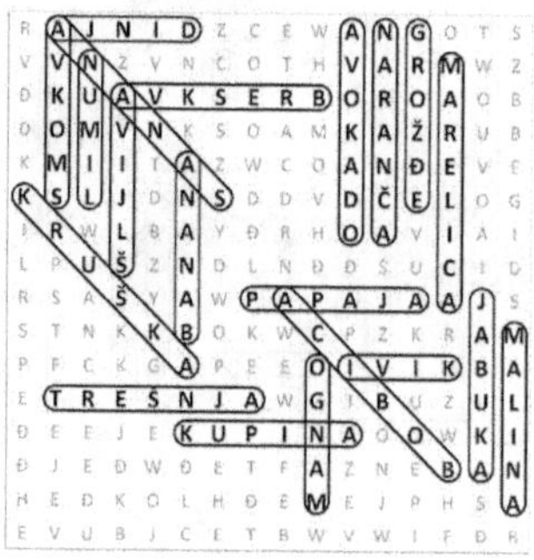

38 - Fattoria #2

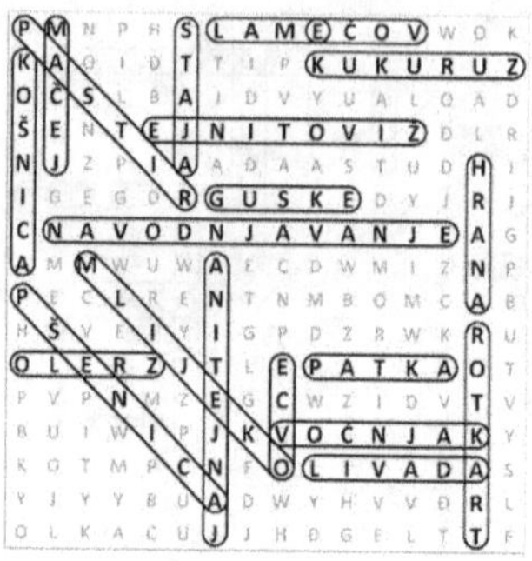

39 - Verdure

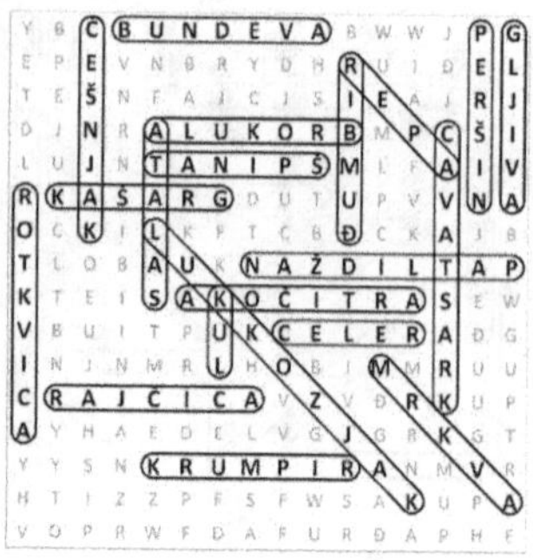

40 - Musica

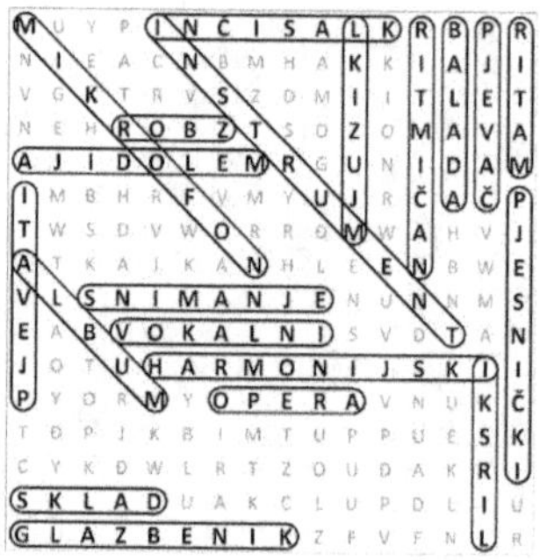

41 - Barbecue

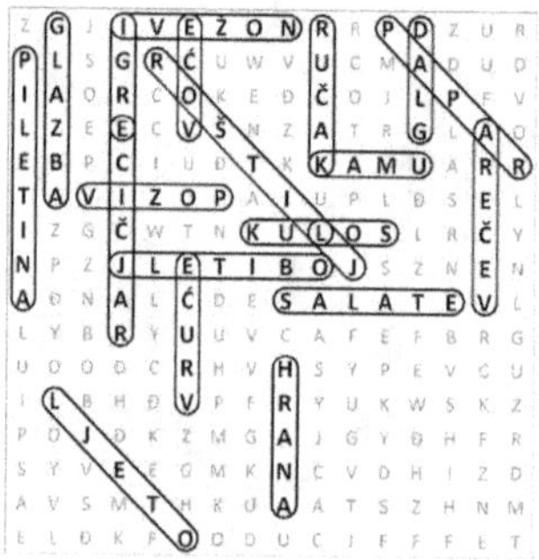

42 - Fisica

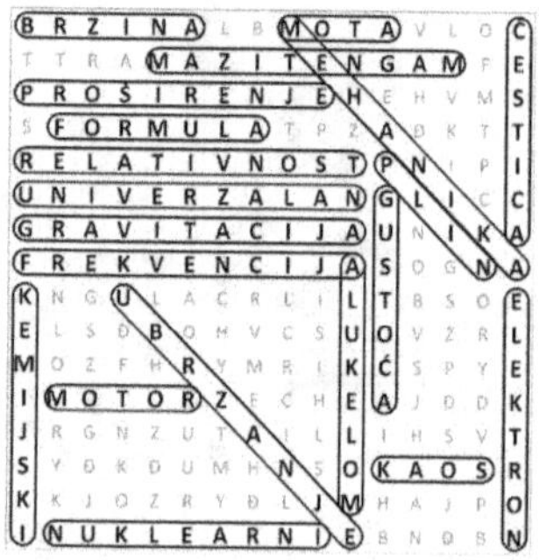

43 - Agronomia

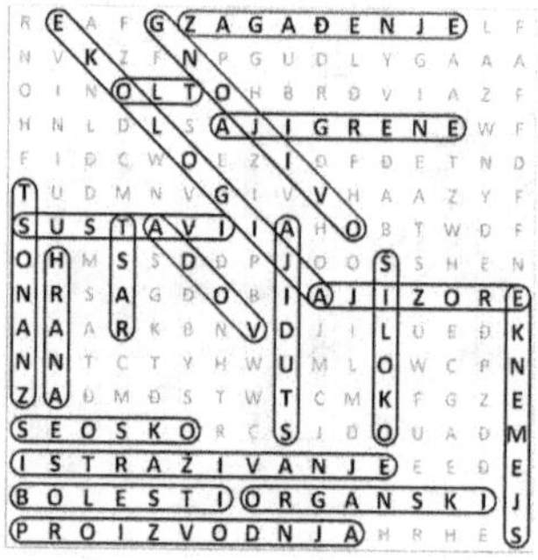

44 - Erboristeria

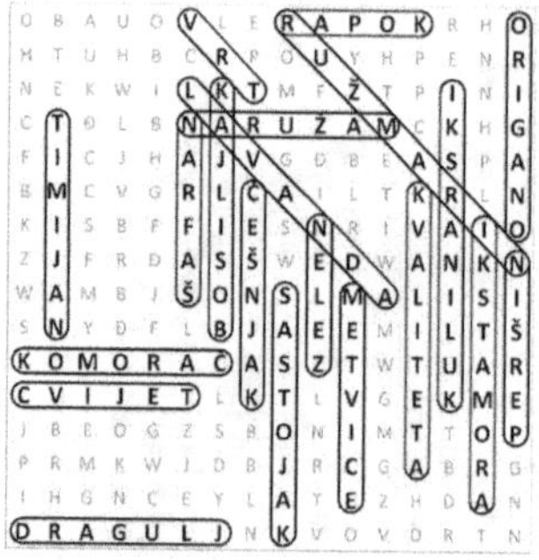

45 - Danza

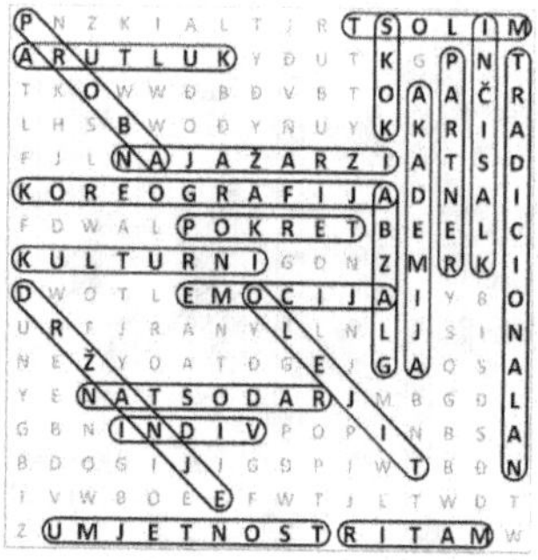

46 - Biologia

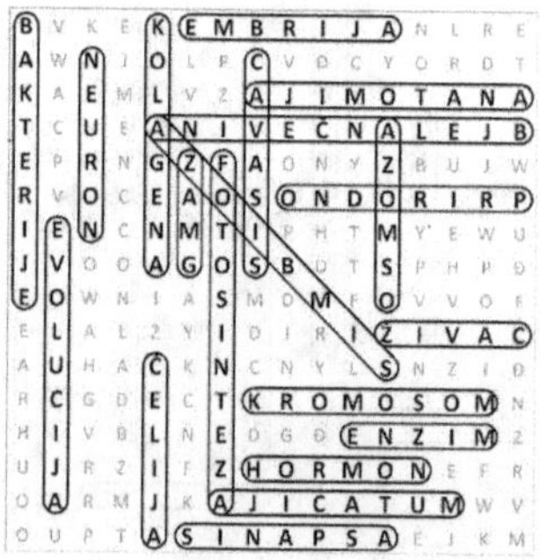

47 - Attività Commerciale

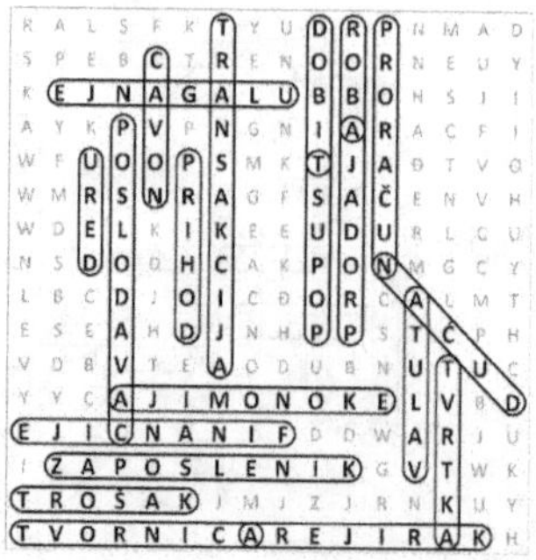

48 - Fiori

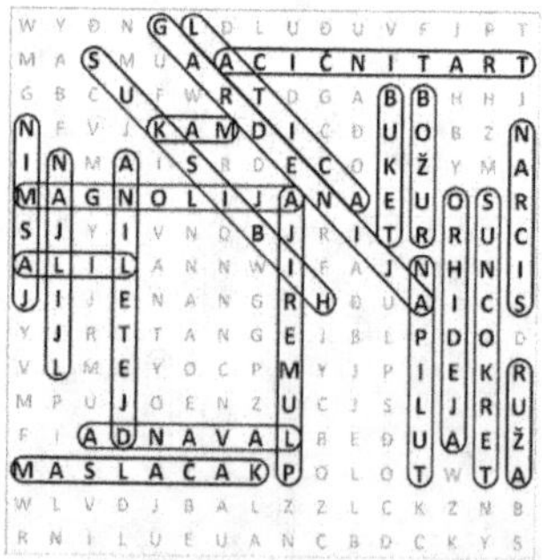

49 - Ecologia

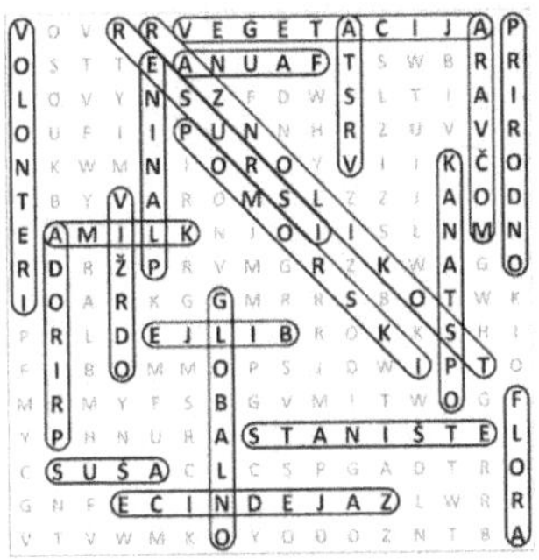

50 - Discipline Scientifiche

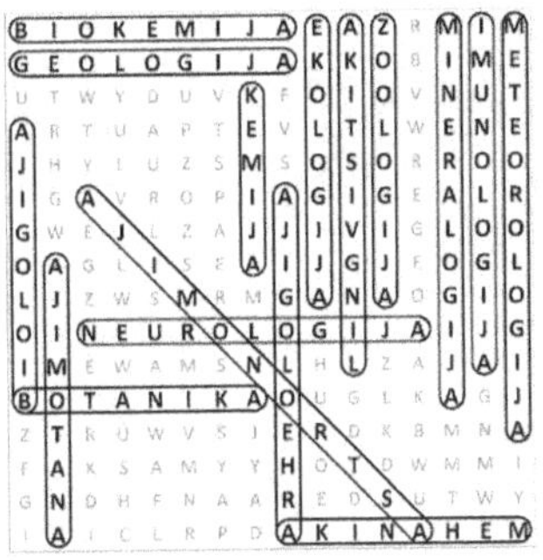

51 - Scienza

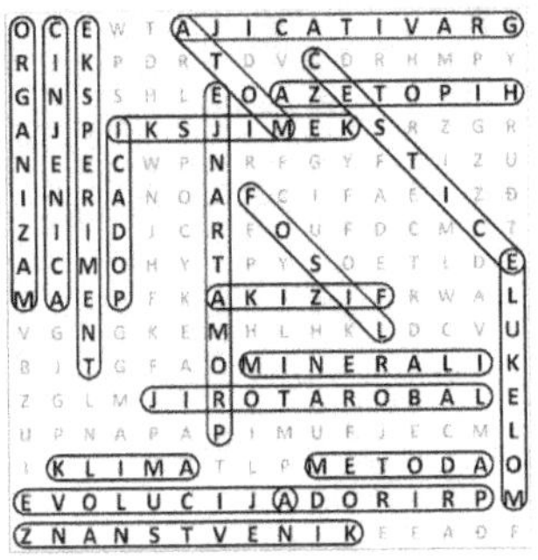

52 - Imbarcazioni

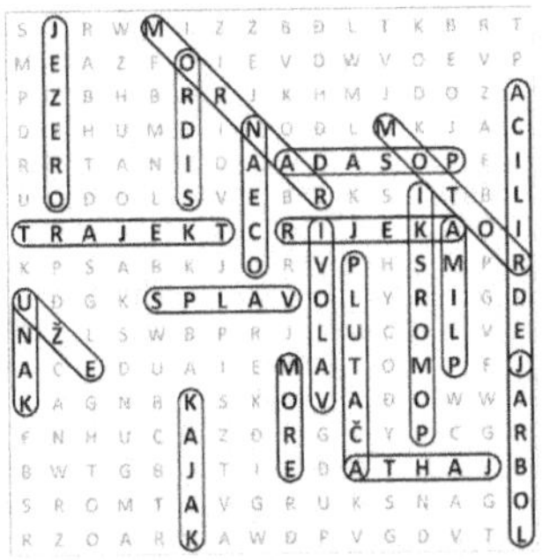

53 - Chimica

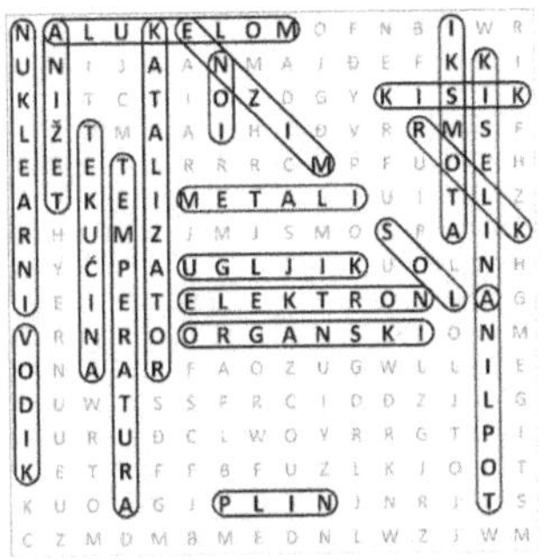

54 - Api

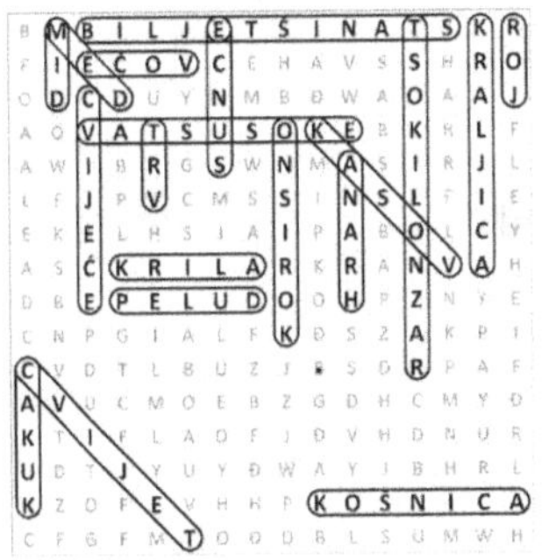

55 - Strumenti Musicali

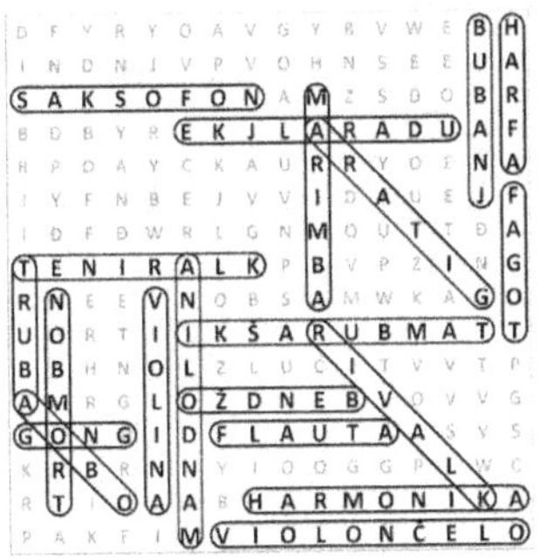

56 - Professioni #2

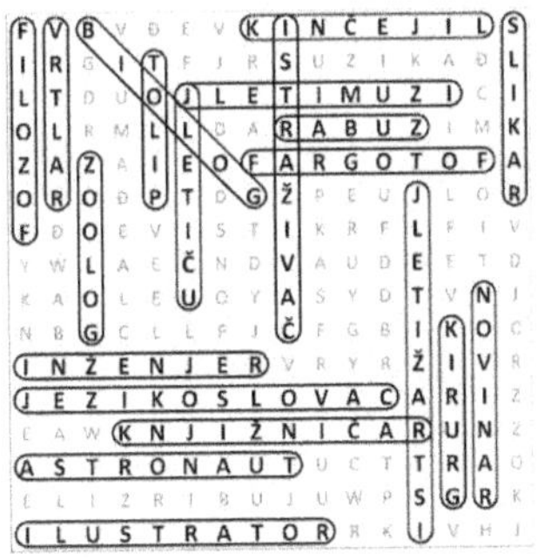

57 - Letteratura

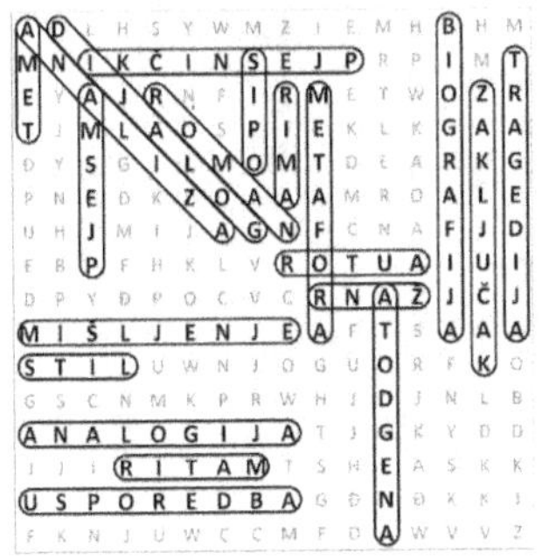

58 - Cibo #2

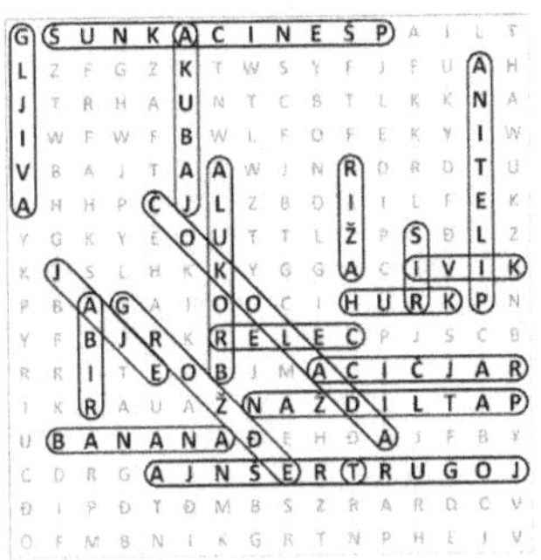

59 - Nutrizione

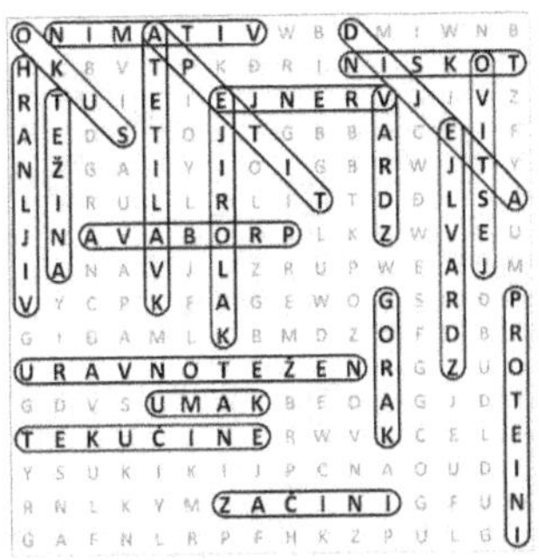

60 - Matematica

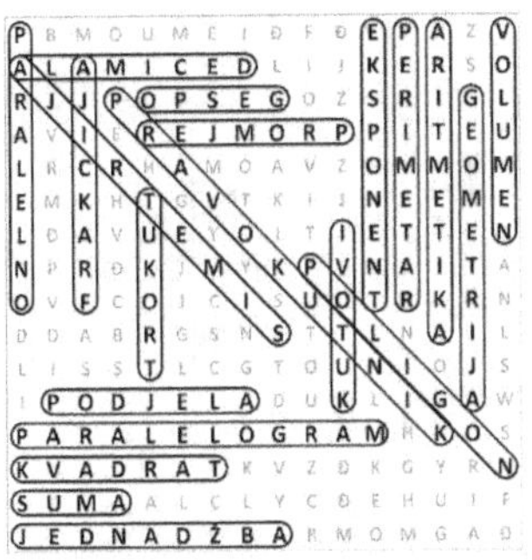

61 - Meditazione

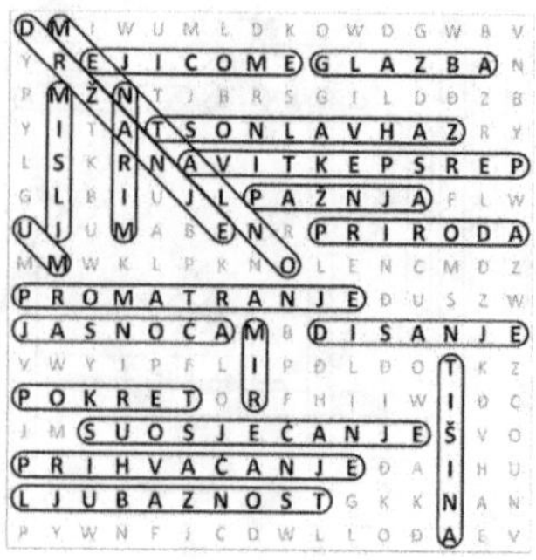

62 - Elettricità

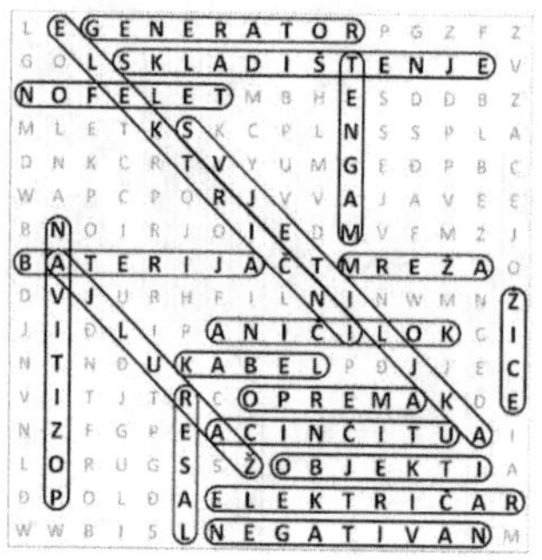

63 - Antiquariato

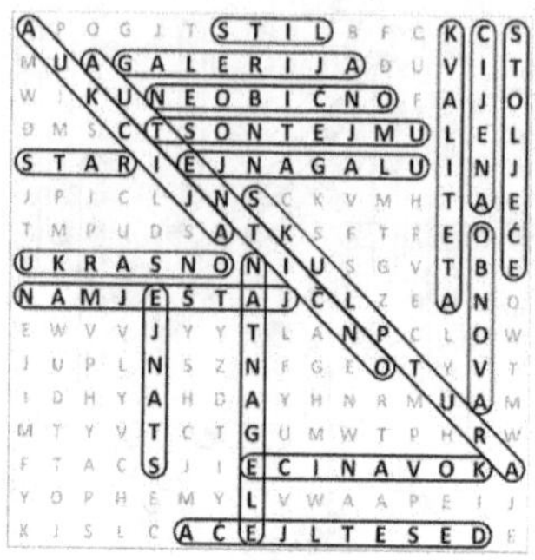

64 - Escursionismo

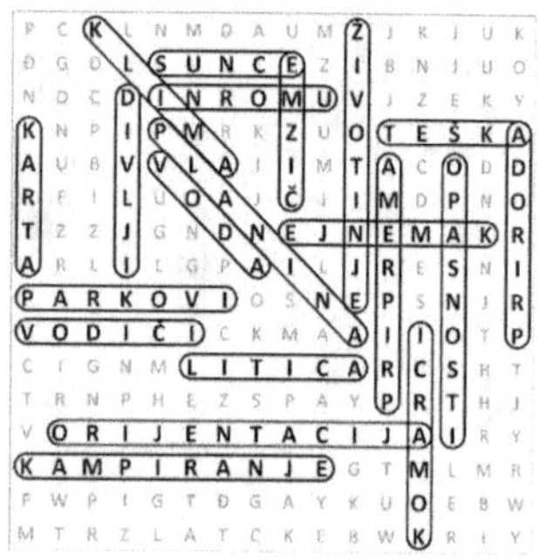

65 - Professioni #1

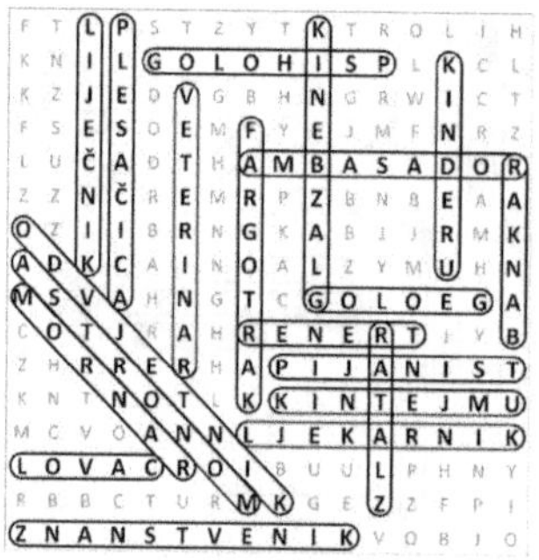

66 - Antartide

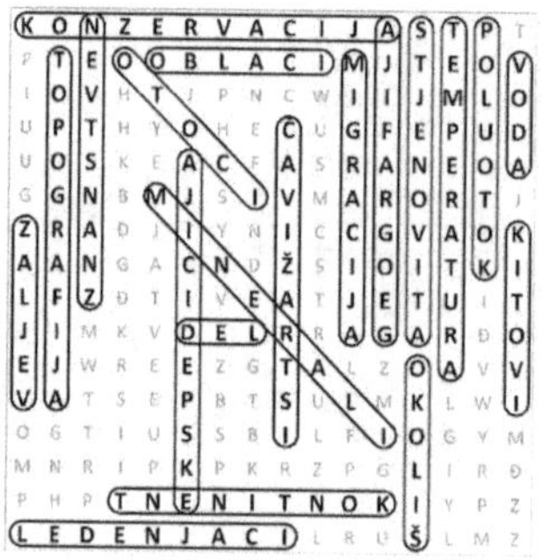

67 - Libri

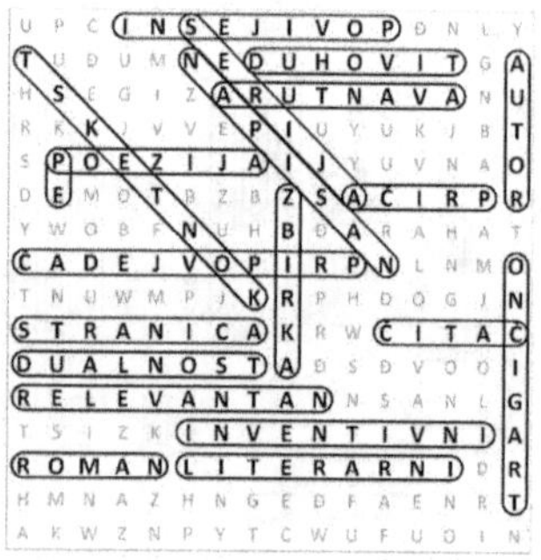

68 - Geografia

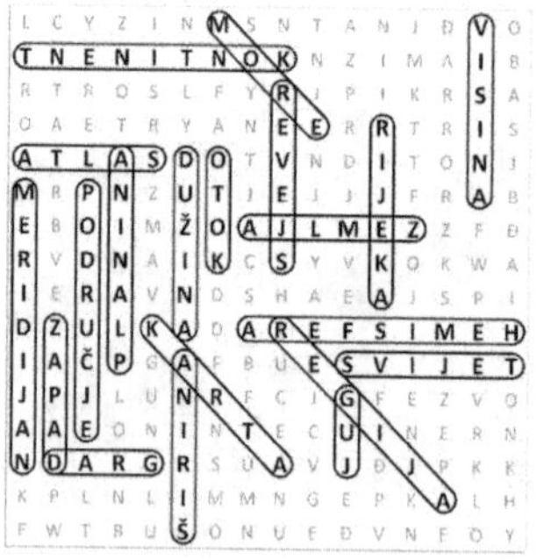

69 - Cibo #1

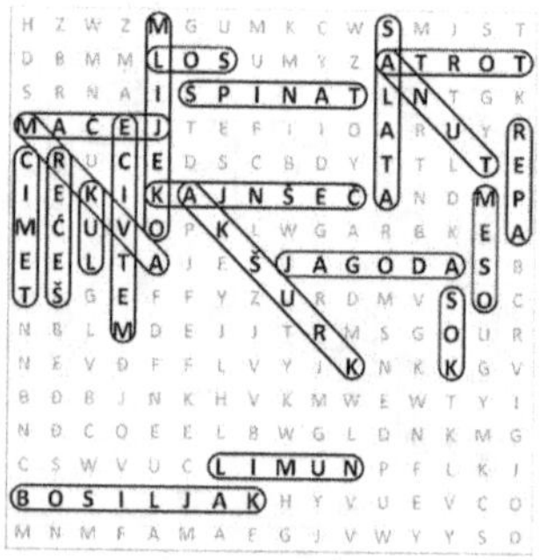

70 - Aeroplani

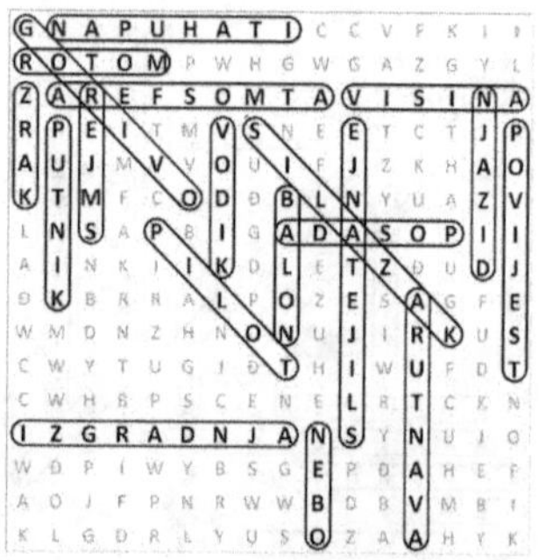

71 - Governo

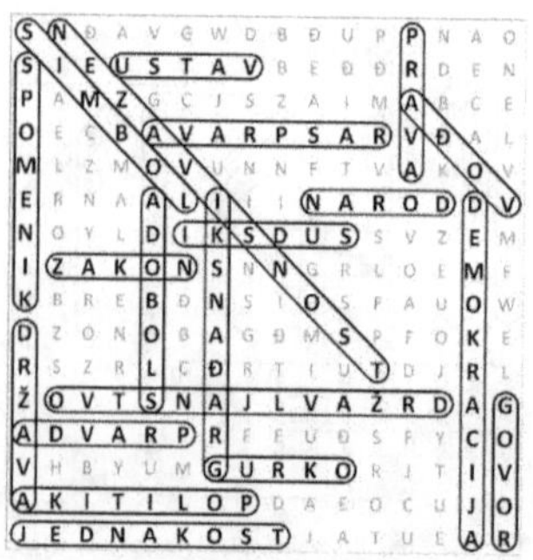

72 - Bellezza

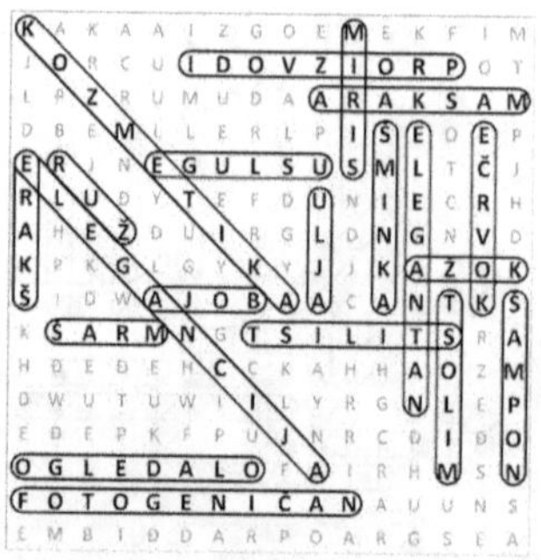

73 - Avventura

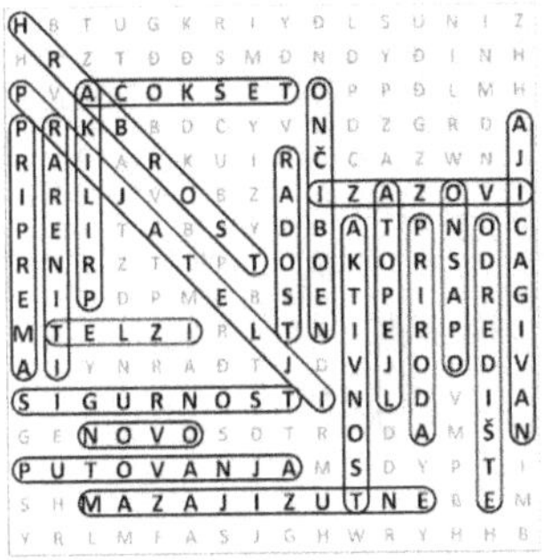

74 - Forme

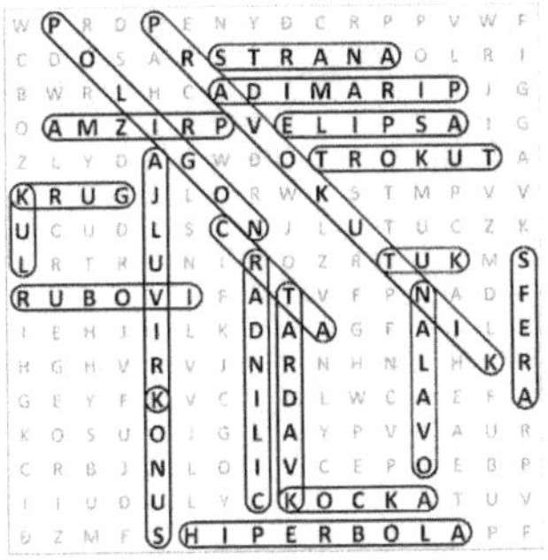

75 - Oceano

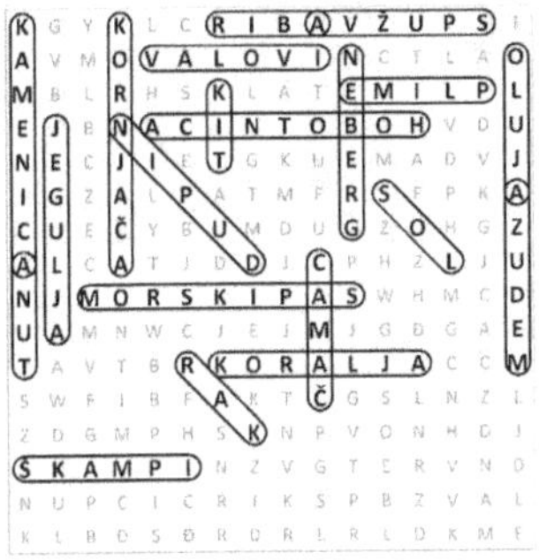

76 - Famiglia

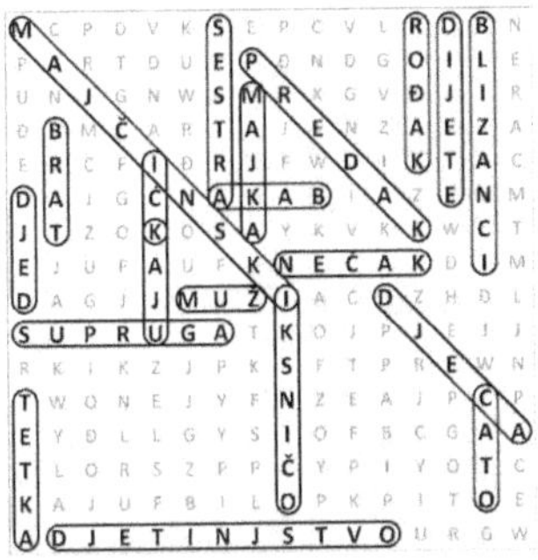

77 - Creatività

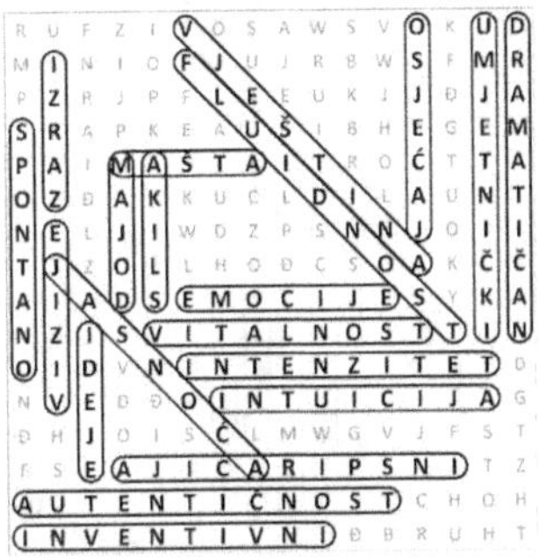

78 - Veicoli

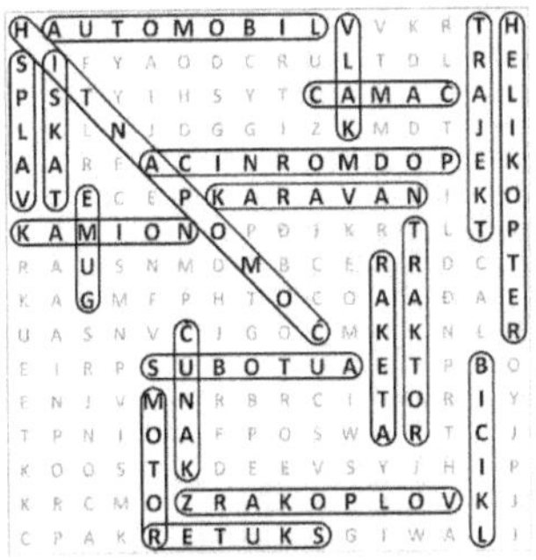

79 - Natura

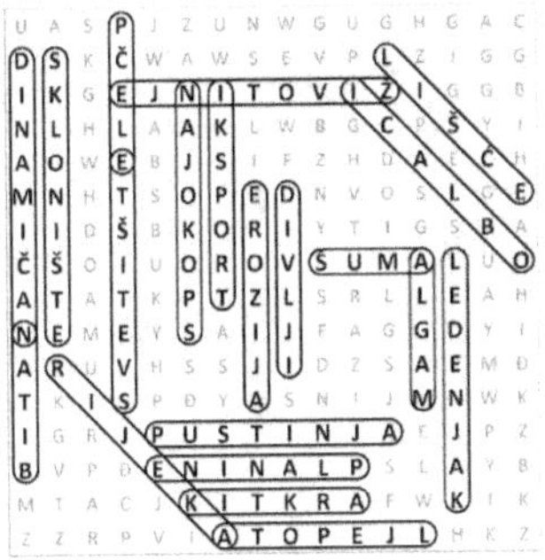

80 - Balletto

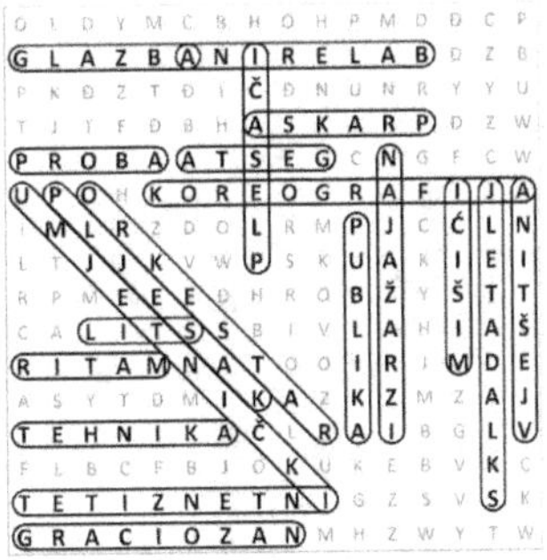

81 - Paesi #1

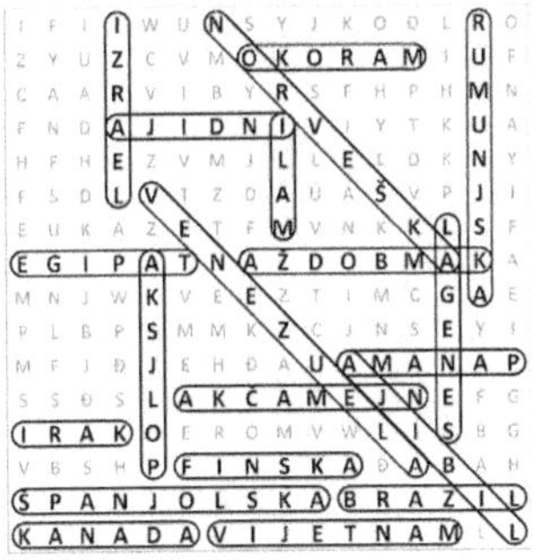

82 - Geometria

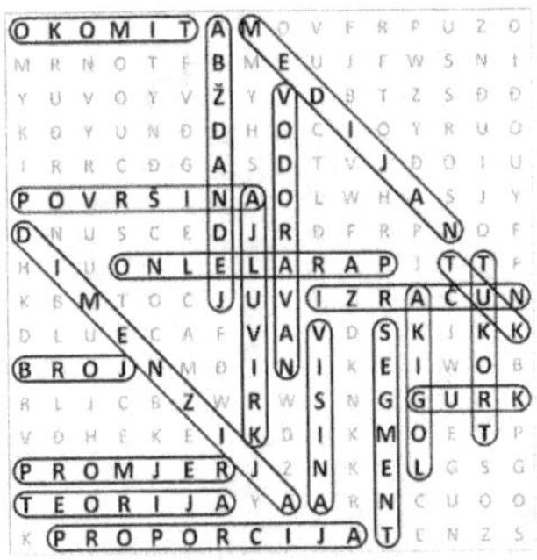

83 - Foresta Pluviale

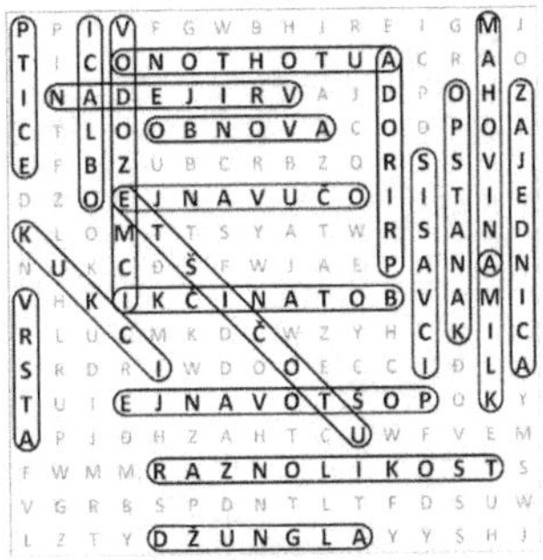

84 - Edifici

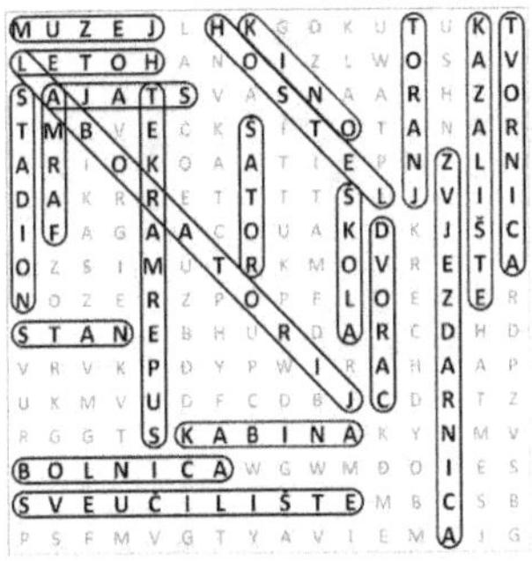

85 - Malattia

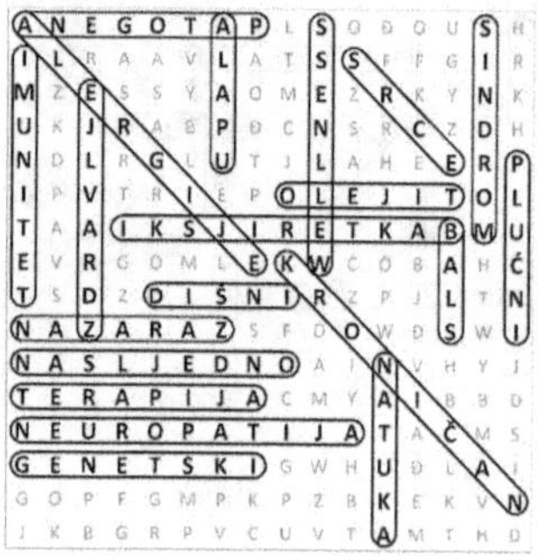

86 - Paesi #2

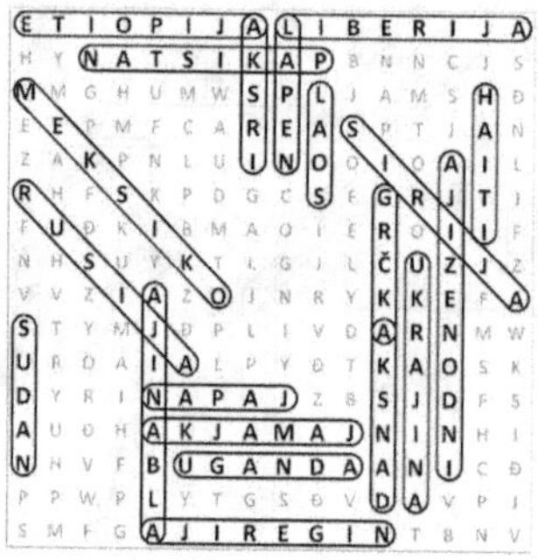

87 - Tipi di Capelli

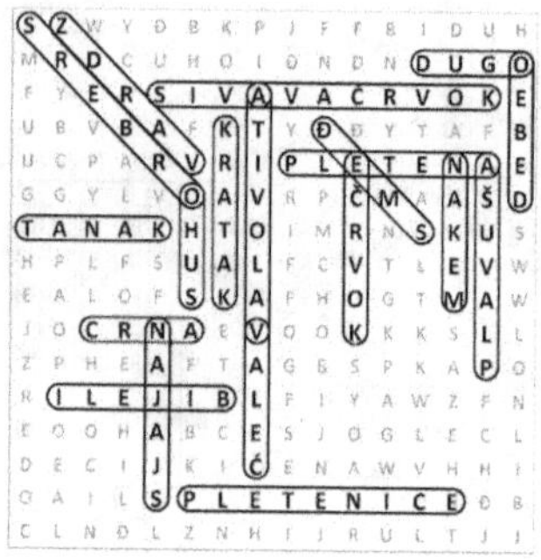

88 - Vestiti

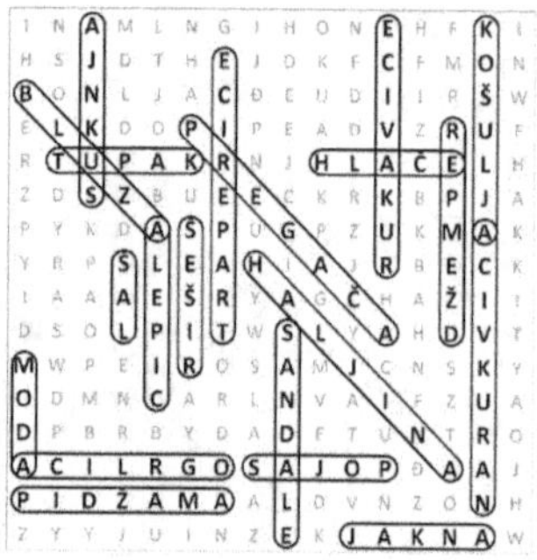

89 - Attività e Tempo Libero

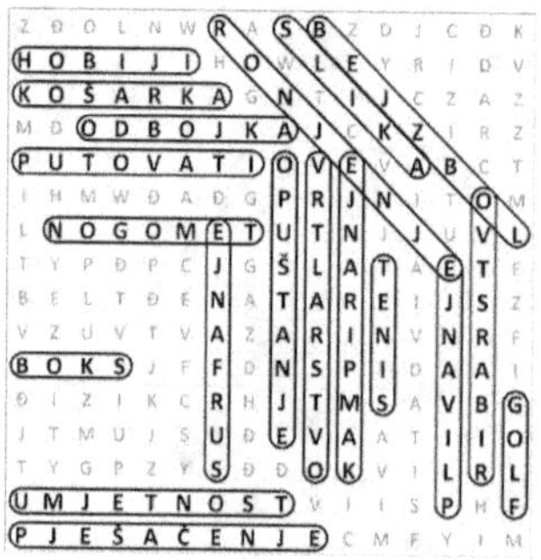

90 - Meteo

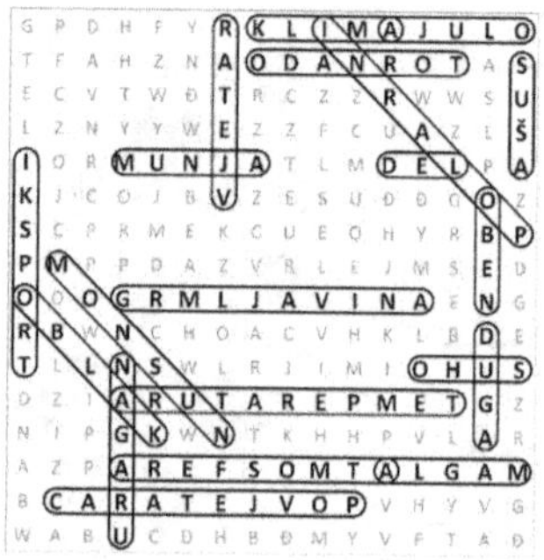

91 - Corpo Umano

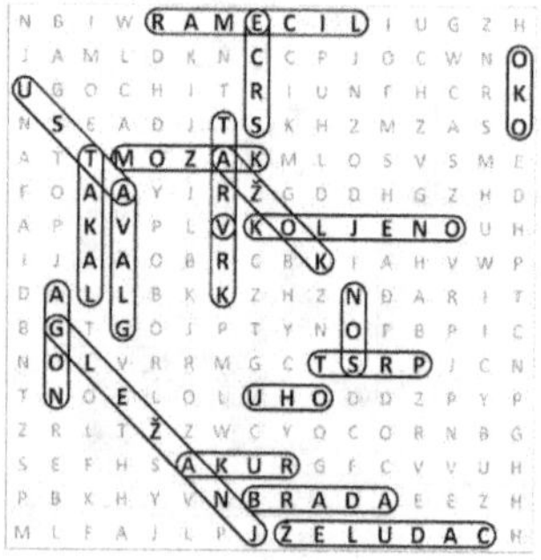

92 - Mammiferi

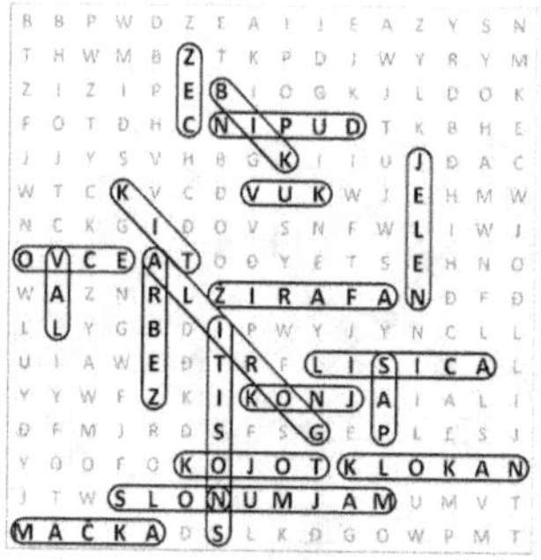

93 - Arrampicata

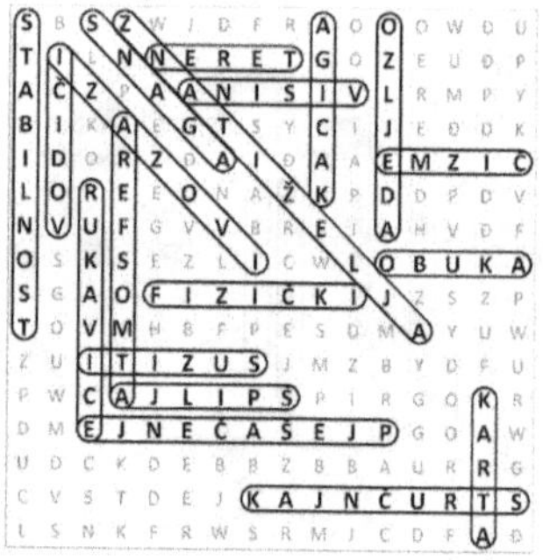

94 - Giardinaggio

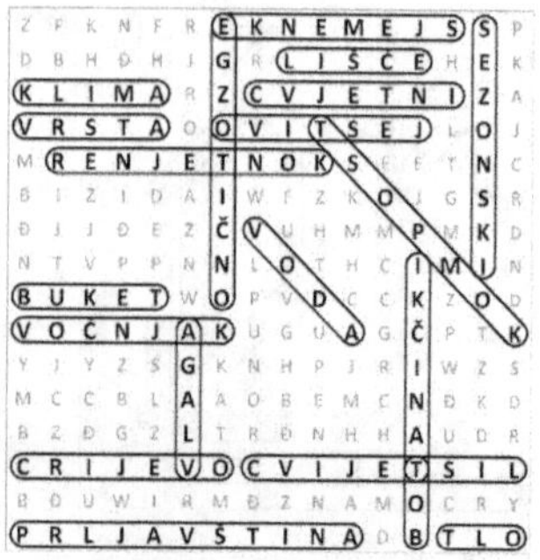

95 - Universo

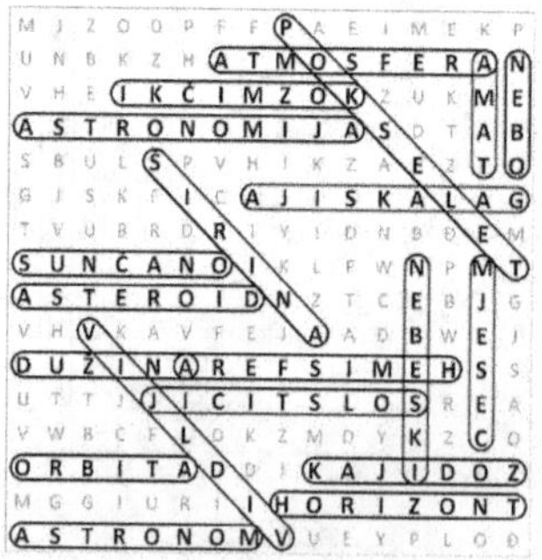

96 - Jazz

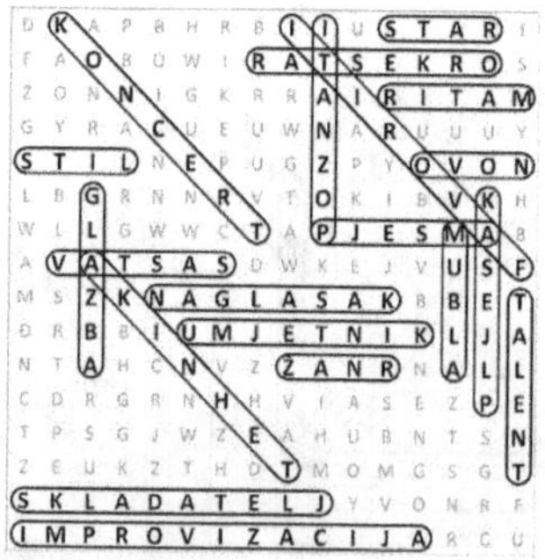

97 - Vacanze #2

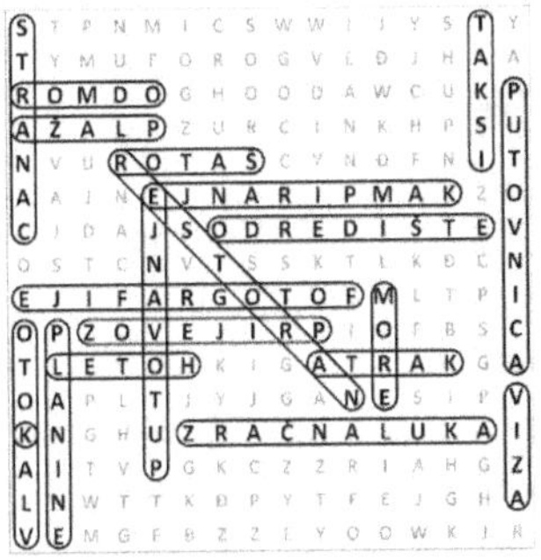

98 - Attività

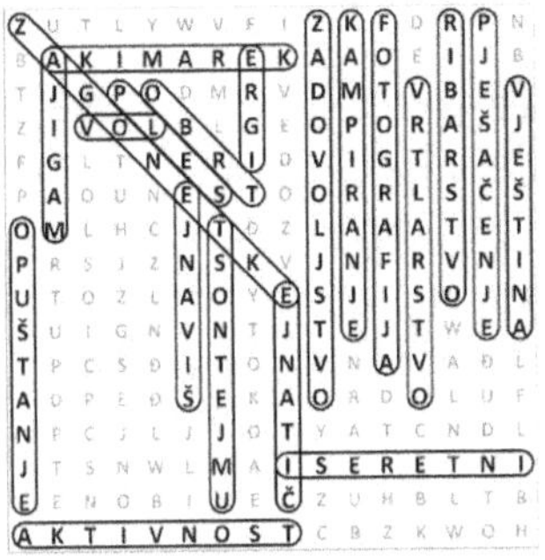

99 - Diplomazia

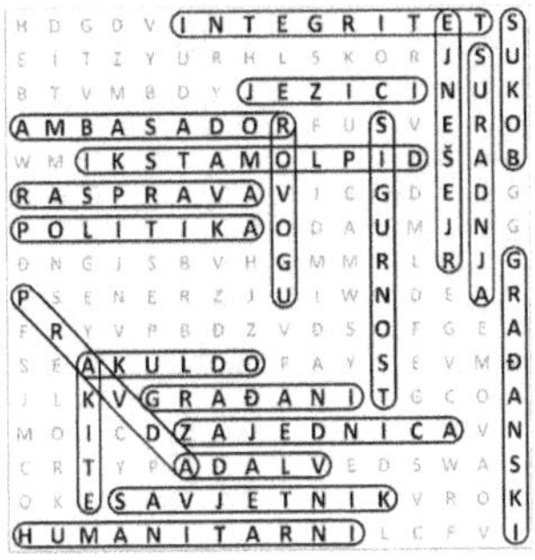

100 - Misurazioni

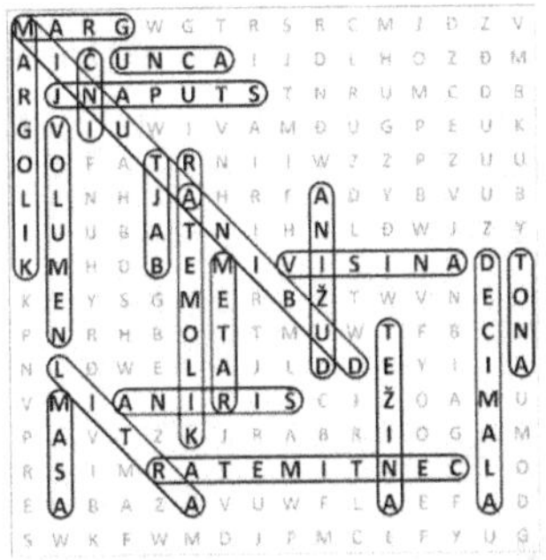

Dizionario

Aeroplani
Zrakoplovi

Altezza	Visina
Aria	Zrak
Atmosfera	Atmosfera
Atterraggio	Slijetanje
Avventura	Avantura
Carburante	Gorivo
Cielo	Nebo
Costruzione	Izgradnja
Design	Dizajn
Direzione	Smjer
Discesa	Silazak
Equipaggio	Posada
Gonfiare	Napuhati
Idrogeno	Vodik
Motore	Motor
Palloncino	Balon
Passeggero	Putnik
Pilota	Pilot
Storia	Povijest
Turbolenza	Turbulencija

Aggettivi #1
Pridjevi № 1

Ambizioso	Ambiciozan
Aromatico	Aromatski
Artistico	Umjetnički
Assoluto	Apsolutan
Attivo	Aktivan
Enorme	Ogroman
Esotico	Egzotično
Generoso	Velikodušan
Giovane	Mladi
Grande	Veliki
Identico	Identičan
Importante	Važno
Lento	Usporiti
Lungo	Dugo
Moderno	Moderan
Onesto	Iskren
Perfetto	Savršen
Pesante	Teška
Prezioso	Vrijedan
Sottile	Tanak

Aggettivi #2
Pridjevi № 2

Affamato	Gladan
Asciutto	Suho
Autentico	Autentično
Creativo	Kreativni
Descrittivo	Opisni
Dolce	Slatko
Drammatico	Dramatičan
Elegante	Elegantan
Famoso	Poznati
Forte	Jak
Interessante	Zanimljiv
Naturale	Prirodno
Normale	Normalan
Nuovo	Novo
Orgoglioso	Ponosan
Produttivo	Produktivni
Puro	Čist
Responsabile	Odgovoran
Salato	Slan
Sano	Zdrav

Agronomia
Agronomija

Acqua	Voda
Agricoltura	Poljoprivreda
Ambiente	Okoliš
Cibo	Hrana
Crescita	Rast
Ecologia	Ekologija
Energia	Energija
Erosione	Erozija
Fertilizzante	Gnojivo
Inquinamento	Zagađenje
Malattie	Bolesti
Organico	Organski
Produzione	Proizvodnja
Ricerca	Istraživanje
Rurale	Seosko
Scienza	Znanost
Semi	Sjemenke
Sistemi	Sustavi
Studio	Studija
Suolo	Tlo

Algebra
Algebra

Diagramma	Dijagram
Divisione	Podjela
Equazione	Jednadžba
Esponente	Eksponent
Falso	Lažno
Fattore	Faktor
Formula	Formula
Frazione	Frakcija
Grafico	Grafikon
Infinito	Beskonačno
Lineare	Linearni
Matrice	Matrica
Numero	Broj
Parentesi	Zagrada
Problema	Problem
Soluzione	Rješenje
Somma	Suma
Sottrazione	Oduzimanje
Variabile	Varijabla
Zero	Nula

Antartide
Antarktika

Acqua	Voda
Ambiente	Okoliš
Baia	Zaljev
Balene	Kitovi
Conservazione	Konzervacija
Continente	Kontinent
Geografia	Geografija
Ghiacciai	Ledenjaci
Ghiaccio	Led
Isole	Otoci
Migrazione	Migracija
Minerali	Minerali
Nuvole	Oblaci
Penisola	Poluotok
Ricercatore	Istraživač
Roccioso	Stjenovita
Scientifico	Znanstven
Spedizione	Ekspedicija
Temperatura	Temperatura
Topografia	Topografija

Antiquariato
Antikviteti

Arte	Umjetnost
Asta	Aukcija
Autentico	Autentično
Condizione	Stanje
Decenni	Desetljeća
Decorativo	Ukrasno
Elegante	Elegantan
Galleria	Galerija
Insolito	Neobično
Investimento	Ulaganje
Mobilio	Namještaj
Monete	Kovanice
Prezzo	Cijena
Qualità	Kvaliteta
Restauro	Obnova
Scultura	Skulptura
Secolo	Stoljeće
Stile	Stil
Valore	Vrijednost
Vecchio	Star

Api
Pčele

Ali	Krila
Alveare	Košnica
Benefico	Korisno
Cera	Vosak
Cibo	Hrana
Diversità	Raznolikost
Ecosistema	Ekosustav
Fiori	Cvijeće
Fiorire	Cvijet
Frutta	Voće
Fumo	Dim
Giardino	Vrt
Habitat	Stanište
Insetto	Kukac
Miele	Med
Piante	Bilje
Polline	Pelud
Regina	Kraljica
Sciame	Roj
Sole	Sunce

Archeologia
Arheologija

Analisi	Analiza
Anni	Godine
Civiltà	Civilizacija
Dimenticato	Zaboravio
Discendente	Potomak
Era	Doba
Esperto	Stručnjak
Fossile	Fosil
Frammenti	Fragmenti
Mistero	Misterija
Oggetti	Objekti
Ossa	Kosti
Professore	Profesor
Reliquia	Relikvija
Ricercatore	Istraživač
Sconosciuto	Nepoznat
Squadra	Tim
Tempio	Hram
Tomba	Grob
Valutazione	Evaluacija

Arrampicata
Penjanje po Stijenama

Altitudine	Visina
Atmosfera	Atmosfera
Casco	Kaciga
Curiosità	Znatiželja
Escursioni	Pješačenje
Esperto	Stručnjak
Fisico	Fizički
Formazione	Obuka
Forza	Snaga
Grotta	Špilja
Guanti	Rukavice
Guide	Vodiči
Lesione	Ozljeda
Mappa	Karta
Sfide	Izazovi
Stabilità	Stabilnost
Stivali	Čizme
Stretto	Suziti
Terreno	Teren

Astronomia
Astronomija

Asteroide	Asteroid
Astronauta	Astronaut
Astronomo	Astronom
Cielo	Nebo
Cosmo	Kozmos
Costellazione	Konstelacija
Equinozio	Ekvinocija
Galassia	Galaksija
Gravità	Gravitacija
Luna	Mjesec
Meteora	Meteor
Nebulosa	Maglica
Osservatorio	Zvjezdarnica
Pianeta	Planeta
Radiazione	Zračenje
Razzo	Raketa
Supernova	Supernova
Telescopio	Teleskop
Terra	Zemlja
Universo	Svemir

Attività
Aktivnosti

Abilità	Vještina
Arte	Umjetnost
Artigianato	Obrt
Attività	Aktivnost
Caccia	Lov
Campeggio	Kampiranje
Ceramica	Keramika
Cucire	Šivanje
Danza	Ples
Escursioni	Pješačenje
Fotografia	Fotografija
Giardinaggio	Vrtlarstvo
Giochi	Igre
Interessi	Interesi
Lettura	Čitanje
Magia	Magija
Pesca	Ribarstvo
Piacere	Zadovoljstvo
Puzzle	Zagonetke
Rilassamento	Opuštanje

Attività Commerciale
Poslovanje

Bilancio	Proračun
Carriera	Karijera
Costo	Trošak
Datore di Lavoro	Poslodavac
Dipendente	Zaposlenik
Economia	Ekonomija
Fabbrica	Tvornica
Finanza	Financije
Investimento	Ulaganje
Merce	Roba
Negozio	Dućan
Profitto	Dobit
Reddito	Prihod
Sconto	Popust
Società	Tvrtka
Soldi	Novac
Transazione	Transakcija
Ufficio	Ured
Valuta	Valuta
Vendita	Prodaja

Attività e Tempo Libero
Zabava i Slobodno Vrijeme

Arte	Umjetnost
Baseball	Bejzbol
Basket	Košarka
Boxe	Boks
Calcio	Nogomet
Campeggio	Kampiranje
Escursioni	Pješačenje
Giardinaggio	Vrtlarstvo
Golf	Golf
Hobby	Hobiji
Immersione	Ronjenje
Nuoto	Plivanje
Pallavolo	Odbojka
Pesca	Ribarstvo
Pittura	Slika
Rilassante	Opuštanje
Surf	Surfanje
Tennis	Tenis
Viaggio	Putovati

Avventura
Avantura

Amici	Prijatelji
Attività	Aktivnost
Bellezza	Ljepota
Caso	Prilika
Coraggio	Hrabrost
Destinazione	Odredište
Difficoltà	Teškoća
Entusiasmo	Entuzijazam
Escursione	Izlet
Gioia	Radost
Insolito	Neobično
Itinerario	Itinerar
Natura	Priroda
Navigazione	Navigacija
Nuovo	Novo
Pericoloso	Opasno
Preparazione	Priprema
Sfide	Izazovi
Sicurezza	Sigurnost
Viaggi	Putovanja

Balletto
Balet

Abilità	Vještina
Applauso	Pljesak
Artistico	Umjetnički
Ballerina	Balerina
Ballerini	Plesači
Compositore	Skladatelj
Coreografia	Koreografija
Espressivo	Izražajan
Gesto	Gesta
Grazioso	Graciozan
Intensità	Intenzitet
Muscoli	Mišići
Musica	Glazba
Orchestra	Orkestar
Pratica	Praksa
Prova	Proba
Pubblico	Publika
Ritmo	Ritam
Stile	Stil
Tecnica	Tehnika

Barbecue
Roštilji

Caldo	Vruće
Cena	Večera
Cibo	Hrana
Cipolle	Luk
Coltelli	Noževi
Estate	Ljeto
Fame	Glad
Famiglia	Obitelj
Frutta	Voće
Giochi	Igre
Griglia	Roštilj
Insalate	Salate
Invito	Poziv
Musica	Glazba
Pepe	Papar
Pollo	Piletina
Pomodori	Rajčice
Pranzo	Ručak
Sale	Sol
Salsa	Umak

Bellezza
Ljepota

Colore	Boja
Cosmetici	Kozmetika
Elegante	Elegantan
Eleganza	Elegancija
Fascino	Šarm
Forbici	Škare
Fotogenico	Fotogeničan
Fragranza	Miris
Grazia	Milost
Mascara	Maskara
Oli	Ulja
Pelle	Koža
Prodotti	Proizvodi
Riccioli	Kovrče
Rossetto	Ruž
Servizi	Usluge
Shampoo	Šampon
Specchio	Ogledalo
Stilista	Stilist
Trucco	Šminka

Biologia
Biologija

Anatomia	Anatomija
Batteri	Bakterije
Cellula	Ćelija
Collagene	Kolagena
Cromosoma	Kromosom
Embrione	Embrija
Enzima	Enzim
Evoluzione	Evolucija
Fotosintesi	Fotosinteza
Mammifero	Sisavac
Mutazione	Mutacija
Naturale	Prirodno
Nervo	Živac
Neurone	Neuron
Ormone	Hormon
Osmosi	Osmoza
Proteina	Bjelančevina
Rettile	Gmaz
Simbiosi	Simbioza
Sinapsi	Sinapsa

Caffè
Kava

Acido	Kiselo
Acqua	Voda
Amaro	Gorak
Aroma	Aroma
Arrostito	Pržena
Bevanda	Piće
Caffeina	Kofein
Crema	Krema
Filtro	Filtar
Gusto	Okus
Latte	Mlijeko
Liquido	Tekućina
Macinare	Samljeti
Mattina	Jutro
Nero	Crna
Origine	Podrijetlo
Prezzo	Cijena
Tazza	Šalica
Varietà	Raznolikost
Zucchero	Šećer

Campeggio
Kampiranje

Alberi	Drveća
Amaca	Viseća
Animali	Životinje
Avventura	Avantura
Bussola	Kompas
Cabina	Kabina
Caccia	Lov
Canoa	Kanu
Cappello	Šešir
Corda	Uže
Divertimento	Zabava
Foresta	Šuma
Fuoco	Vatra
Insetto	Kukac
Lago	Jezero
Luna	Mjesec
Mappa	Karta
Montagna	Planina
Natura	Priroda
Tenda	Šator

Casa
Kuća

Attico	Potkrovlje
Biblioteca	Knjižnica
Camera	Soba
Camino	Kamin
Cucina	Kuhinja
Doccia	Tuš
Finestra	Prozor
Garage	Garaža
Giardino	Vrt
Lampada	Svjetiljka
Parete	Zid
Pavimento	Kat
Porta	Vrata
Recinto	Ograda
Rubinetto	Slavina
Scopa	Metla
Soffitto	Strop
Specchio	Ogledalo
Tappeto	Tepih
Tetto	Krov

Chimica
Kemija

Acido	Kiselina
Atomico	Atomski
Calore	Toplina
Carbonio	Ugljik
Catalizzatore	Katalizator
Cloro	Klor
Elettrone	Elektron
Enzima	Enzim
Gas	Plin
Idrogeno	Vodik
Ione	Ion
Liquido	Tekućina
Metalli	Metali
Molecola	Molekula
Nucleare	Nuklearni
Organico	Organski
Ossigeno	Kisik
Peso	Težina
Sale	Sol
Temperatura	Temperatura

Cibo #1
Hrana # 1

Aglio	Češnjak
Basilico	Bosiljak
Cannella	Cimet
Carne	Meso
Carota	Mrkva
Cipolla	Luk
Fragola	Jagoda
Insalata	Salata
Latte	Mlijeko
Limone	Limun
Menta	Metvice
Orzo	Ječam
Pera	Kruška
Rapa	Repa
Sale	Sol
Spinaci	Špinat
Succo	Sok
Tonno	Tuna
Torta	Torta
Zucchero	Šećer

Cibo #2
Hrana # 2

Banana	Banana
Broccolo	Brokula
Ciliegia	Trešnja
Cioccolato	Čokolada
Formaggio	Sir
Fungo	Gljiva
Grano	Pšenica
Kiwi	Kivi
Mela	Jabuka
Melanzana	Patlidžan
Pane	Kruh
Pesce	Riba
Pollo	Piletina
Pomodoro	Rajčica
Prosciutto	Šunka
Riso	Riža
Sedano	Celer
Uovo	Jaje
Uva	Grožđe
Yogurt	Jogurt

Cioccolato
Čokolada

Amaro	Gorak
Arachidi	Kikiriki
Aroma	Aroma
Artigianale	Zanatski
Cacao	Kakao
Calorie	Kalorije
Caramella	Bombon
Caramello	Karamela
Delizioso	Ukusno
Dolce	Slatko
Esotico	Egzotično
Gusto	Ukus
Ingrediente	Sastojak
Mangiare	Jesti
Noce di Cocco	Kokos
Polvere	Prah
Preferito	Omiljeni
Qualità	Kvaliteta
Ricetta	Recept
Zucchero	Šećer

Città
Grad

Aeroporto	Zračna Luka
Banca	Banka
Biblioteca	Knjižnica
Cinema	Kino
Clinica	Klinika
Farmacia	Ljekarna
Fiorista	Cvjećar
Galleria	Galerija
Hotel	Hotel
Libreria	Knjižara
Mercato	Tržište
Museo	Muzej
Negozio	Pohraniti
Panetteria	Pekara
Scuola	Škola
Stadio	Stadion
Supermercato	Supermarket
Teatro	Kazalište
Università	Sveučilište
Zoo	Zoološki Vrt

Corpo Umano
Ljudsko Tijelo

Bocca	Usta
Caviglia	Gležanj
Cervello	Mozak
Collo	Vrat
Cuore	Srce
Dito	Prst
Faccia	Lice
Gamba	Noga
Ginocchio	Koljeno
Gomito	Lakat
Mano	Ruka
Mento	Brada
Naso	Nos
Occhio	Oko
Orecchio	Uho
Pelle	Koža
Sangue	Krv
Spalla	Rame
Stomaco	Želudac
Testa	Glava

Creatività
Kreativnost

Abilità	Vještina
Artistico	Umjetnički
Autenticità	Autentičnost
Chiarezza	Jasnoća
Drammatico	Dramatičan
Emozioni	Emocije
Espressione	Izraz
Fluidità	Fluidnost
Idee	Ideje
Immaginazione	Mašta
Immagine	Slika
Impressione	Dojam
Intensità	Intenzitet
Intuizione	Intuicija
Inventivo	Inventivni
Ispirazione	Inspiracija
Sensazione	Osjećaj
Spontaneo	Spontano
Visioni	Vizije
Vitalità	Vitalnost

Danza
Ples

Accademia	Akademija
Arte	Umjetnost
Classico	Klasični
Compagno	Partner
Coreografia	Koreografija
Corpo	Tijelo
Cultura	Kultura
Culturale	Kulturni
Emozione	Emocija
Espressivo	Izražajan
Gioioso	Radostan
Grazia	Milost
Movimento	Pokret
Musica	Glazba
Postura	Držanje
Prova	Proba
Ritmo	Ritam
Salto	Skok
Tradizionale	Tradicionalan
Visivo	Vidni

Diplomazia
Diplomacija

Ambasciatore	Ambasador
Cittadini	Građani
Civico	Građanski
Comunità	Zajednica
Conflitto	Sukob
Consigliere	Savjetnik
Cooperazione	Suradnja
Diplomatico	Diplomatski
Discussione	Rasprava
Etica	Etika
Giustizia	Pravda
Governo	Vlada
Integrità	Integritet
Lingue	Jezici
Politica	Politika
Risoluzione	Odluka
Sicurezza	Sigurnost
Soluzione	Rješenje
Trattato	Ugovor
Umanitario	Humanitarni

Discipline Scientifiche
Znanstvene Discipline

Anatomia	Anatomija
Archeologia	Arheologija
Astronomia	Astronomija
Biochimica	Biokemija
Biologia	Biologija
Botanica	Botanika
Chimica	Kemija
Ecologia	Ekologija
Fisiologia	Fiziologija
Geologia	Geologija
Immunologia	Imunologija
Linguistica	Lingvistika
Meccanica	Mehanika
Meteorologia	Meteorologija
Mineralogia	Mineralogija
Neurologia	Neurologija
Psicologia	Psihologija
Sociologia	Sociologija
Termodinamica	Termodinamika
Zoologia	Zoologija

Ecologia
Ekologija

Clima	Klima
Comunità	Zajednice
Diversità	Raznolikost
Fauna	Fauna
Flora	Flora
Globale	Globalno
Habitat	Stanište
Marino	Pomorski
Montagne	Planine
Natura	Priroda
Naturale	Prirodno
Palude	Močvara
Piante	Bilje
Risorse	Resursi
Siccità	Suša
Sopravvivenza	Opstanak
Sostenibile	Održiv
Specie	Vrsta
Vegetazione	Vegetacija
Volontari	Volonteri

Edifici
Građevine

Appartamento	Stan
Cabina	Kabina
Castello	Dvorac
Cinema	Kino
Fabbrica	Tvornica
Fattoria	Farma
Fienile	Staja
Hotel	Hotel
Laboratorio	Laboratorij
Museo	Muzej
Ospedale	Bolnica
Osservatorio	Zvjezdarnica
Ostello	Hostel
Scuola	Škola
Stadio	Stadion
Supermercato	Supermarket
Teatro	Kazalište
Tenda	Šator
Torre	Toranj
Università	Sveučilište

Elettricità
Struja

Attrezzatura	Oprema
Batteria	Baterija
Cavo	Kabel
Conservazione	Skladištenje
Elettricista	Električar
Elettrico	Električni
Fili	Žice
Generatore	Generator
Lampada	Svjetiljka
Lampadina	Žarulja
Laser	Laser
Magnete	Magnet
Negativo	Negativan
Oggetti	Objekti
Positivo	Pozitivan
Presa	Utičnica
Quantità	Količina
Rete	Mreža
Telefono	Telefon
Televisione	Televizija

Energia
Energija

Ambiente	Okoliš
Batteria	Baterija
Benzina	Benzin
Calore	Toplina
Carbonio	Ugljik
Carburante	Gorivo
Diesel	Dizel
Elettrico	Električni
Elettrone	Elektron
Entropia	Entropija
Fotone	Foton
Idrogeno	Vodik
Industria	Industrija
Inquinamento	Zagađenje
Motore	Motor
Nucleare	Nuklearni
Rinnovabile	Obnovljiv
Turbina	Turbina
Vapore	Para
Vento	Vjetar

Erboristeria
Herbalizam

Aglio	Češnjak
Aneto	Kopar
Aromatico	Aromatski
Basilico	Bosiljak
Culinario	Kulinarski
Dragoncello	Dragulj
Finocchio	Komorač
Fiore	Cvijet
Giardino	Vrt
Ingrediente	Sastojak
Lavanda	Lavanda
Maggiorana	Mažuran
Menta	Metvice
Origano	Origano
Prezzemolo	Peršin
Qualità	Kvaliteta
Rosmarino	Ružmarin
Timo	Timijan
Verde	Zelen
Zafferano	Šafran

Escursionismo
Planinarenje

Acqua	Voda
Animali	Životinje
Campeggio	Kampiranje
Clima	Klima
Guide	Vodiči
Mappa	Karta
Montagna	Planina
Natura	Priroda
Orientamento	Orijentacija
Parchi	Parkovi
Pericoli	Opasnosti
Pesante	Teška
Pietre	Kamenje
Preparazione	Priprema
Scogliera	Litica
Selvaggio	Divlji
Sole	Sunce
Stanco	Umorni
Stivali	Čizme
Zanzare	Komarci

Famiglia
Obitelj

Antenato	Predak
Bambini	Djeca
Bambino	Dijete
Cugino	Rođak
Figlia	Kći
Fratello	Brat
Gemelli	Blizanci
Infanzia	Djetinjstvo
Madre	Majka
Marito	Muž
Materno	Majčinski
Moglie	Supruga
Nipote	Nećak
Nonna	Baka
Nonno	Djed
Padre	Otac
Paterno	Očinski
Sorella	Sestra
Zia	Tetka
Zio	Ujak

Fantascienza
Znanstvena Fantastika

Atomico	Atomski
Cinema	Kino
Distopia	Distopija
Esplosione	Eksplozija
Estremo	Krajnost
Fantastico	Fantastičan
Fuoco	Vatra
Futuristico	Futuristički
Galassia	Galaksija
Illusione	Iluzija
Immaginario	Zamišljen
Libri	Knjige
Misterioso	Tajanstveni
Mondo	Svijet
Oracolo	Proročište
Pianeta	Planeta
Realistico	Realno
Robot	Roboti
Tecnologia	Tehnologija
Utopia	Utopija

Fattoria #1
Farma Broj 1

Acqua	Voda
Agricoltura	Poljoprivreda
Ape	Pčela
Asino	Magarac
Campo	Polje
Cane	Pas
Capra	Koza
Cavallo	Konj
Fertilizzante	Gnojivo
Fieno	Sijeno
Gatto	Mačka
Gregge	Stado
Maiale	Svinja
Miele	Med
Mucca	Krava
Pollo	Piletina
Recinto	Ograda
Riso	Riža
Semi	Sjemenke
Vitello	Tele

Fattoria #2
Farma № 2

Agnello	Janjetina
Alveare	Košnica
Anatra	Patka
Animali	Životinje
Cibo	Hrana
Fienile	Staja
Frutta	Voće
Frutteto	Voćnjak
Grano	Pšenica
Irrigazione	Navodnjavanje
Lama	Lame
Latte	Mlijeko
Mais	Kukuruz
Maturo	Zrelo
Oche	Guske
Orzo	Ječam
Pastore	Pastir
Pecora	Ovce
Prato	Livada
Trattore	Traktor

Fiori
Cvijeće

Dente di Leone	Maslačak
Gardenia	Gardenija
Gelsomino	Jasmin
Giglio	Ljiljan
Girasole	Suncokret
Ibisco	Hibiskus
Lavanda	Lavanda
Lilla	Lila
Magnolia	Magnolija
Margherita	Tratinčica
Mazzo	Buket
Narciso	Narcis
Orchidea	Orhideja
Papavero	Mak
Peonia	Božur
Petalo	Latica
Plumeria	Plumerija
Rosa	Ruža
Trifoglio	Djetelina
Tulipano	Tulipan

Fisica
Fizika

Accelerazione	Ubrzanje
Atomo	Atom
Caos	Kaos
Chimico	Kemijski
Densità	Gustoća
Elettrone	Elektron
Espansione	Proširenje
Formula	Formula
Frequenza	Frekvencija
Gas	Plin
Gravità	Gravitacija
Magnetismo	Magnetizam
Meccanica	Mehanika
Molecola	Molekula
Motore	Motor
Nucleare	Nuklearni
Particella	Čestica
Relatività	Relativnost
Universale	Univerzalan
Velocità	Brzina

Foresta Pluviale
Prašuma

Anfibi	Vodozemci
Botanico	Botanički
Clima	Klima
Comunità	Zajednica
Diversità	Raznolikost
Giungla	Džungla
Indigeno	Autohtono
Insetti	Kukci
Mammiferi	Sisavci
Muschio	Mahovina
Natura	Priroda
Nuvole	Oblaci
Preservazione	Očuvanje
Prezioso	Vrijedan
Restauro	Obnova
Rifugio	Utočište
Rispetto	Poštovanje
Sopravvivenza	Opstanak
Specie	Vrsta
Uccelli	Ptice

Forme
Obrasci

Angolo	Kut
Arco	Luk
Bordi	Rubovi
Cerchio	Krug
Cilindro	Cilindar
Cono	Konus
Cubo	Kocka
Curva	Krivulja
Ellisse	Elipsa
Iperbole	Hiperbola
Lato	Strana
Linea	Crta
Ovale	Ovalan
Piramide	Piramida
Poligono	Poligon
Prisma	Prizma
Quadrato	Kvadrat
Rettangolo	Pravokutnik
Sfera	Sfera
Triangolo	Trokut

Forza e Gravità
Snaga i Gravitacija

Asse	Os
Attrito	Trenje
Centro	Centar
Dinamico	Dinamičan
Distanza	Udaljenost
Espansione	Proširenje
Fisica	Fizika
Impatto	Udarac
Magnetismo	Magnetizam
Meccanica	Mehanika
Movimento	Pokret
Orbita	Orbita
Peso	Težina
Pianeti	Planete
Pressione	Pritisak
Proprietà	Svojstva
Scoperta	Otkriće
Tempo	Vrijeme
Universale	Univerzalan
Velocità	Brzina

Frutta
Voće

Albicocca	Marelica
Ananas	Ananas
Arancia	Naranča
Avocado	Avokado
Bacca	Bobica
Banana	Banana
Ciliegia	Trešnja
Fico	Smokva
Kiwi	Kivi
Lampone	Malina
Limone	Limun
Mango	Mango
Mela	Jabuka
Melone	Dinja
Mora	Kupina
Papaia	Papaja
Pera	Kruška
Pesca	Breskva
Prugna	Šljiva
Uva	Grožđe

Geografia
Geografija

Altitudine	Visina
Atlante	Atlas
Città	Grad
Continente	Kontinent
Emisfero	Hemisfera
Fiume	Rijeka
Isola	Otok
Latitudine	Širina
Longitudine	Dužina
Mappa	Karta
Mare	More
Meridiano	Meridijan
Mondo	Svijet
Montagna	Planina
Nord	Sjever
Ovest	Zapad
Paese	Zemlja
Regione	Regija
Sud	Jug
Territorio	Područje

Geologia
Geologija

Acido	Kiselina
Altopiano	Plato
Calcio	Kalcij
Caverna	Kaverna
Continente	Kontinent
Corallo	Koralja
Cristalli	Kristali
Erosione	Erozija
Fossile	Fosil
Geyser	Gejzir
Lava	Lava
Minerali	Minerali
Pietra	Kamen
Quarzo	Kvarc
Sale	Sol
Stalagmiti	Stalagmiti
Stalattite	Stalaktit
Strato	Sloj
Terremoto	Potres
Vulcano	Vulkan

Geometria
Geometrija

Altezza	Visina
Angolo	Kut
Calcolo	Izračun
Cerchio	Krug
Curva	Krivulja
Diametro	Promjer
Dimensione	Dimenzija
Equazione	Jednadžba
Logica	Logika
Mediano	Medijan
Numero	Broj
Orizzontale	Vodoravan
Parallelo	Paralelno
Proporzione	Proporcija
Segmento	Segment
Simmetria	Simetrija
Superficie	Površina
Teoria	Teorija
Triangolo	Trokut
Verticale	Okomit

Giardinaggio
Vrtlarstvo

Acqua	Voda
Botanico	Botanički
Clima	Klima
Commestibile	Jestivo
Compost	Kompost
Contenitore	Kontejner
Esotico	Egzotično
Fiorire	Cvijet
Floreale	Cvjetni
Foglia	List
Fogliame	Lišće
Frutteto	Voćnjak
Mazzo	Buket
Semi	Sjemenke
Specie	Vrsta
Sporco	Prljavština
Stagionale	Sezonski
Suolo	Tlo
Tubo	Crijevo
Umidità	Vlaga

Giardino
Vrt

Albero	Drvo
Amaca	Viseća
Cespuglio	Grm
Erba	Trava
Erbacce	Korov
Fiore	Cvijet
Frutteto	Voćnjak
Garage	Garaža
Giardino	Vrt
Pala	Lopata
Panca	Klupa
Prato	Travnjak
Rastrello	Grablje
Recinto	Ograda
Stagno	Ribnjak
Suolo	Tlo
Terrazza	Terasa
Trampolino	Trampolin
Tubo	Crijevo
Vite	Loza

Giorni e Mesi
Dani i Mjeseci

Agosto	Kolovoz
Anno	Godina
Aprile	Travanj
Calendario	Kalendar
Dicembre	Prosinac
Domenica	Nedjelja
Febbraio	Veljača
Gennaio	Siječanj
Giugno	Lipanj
Luglio	Srpanj
Lunedì	Ponedjeljak
Martedì	Utorak
Mercoledì	Srijeda
Mese	Mjesec
Novembre	Studeni
Ottobre	Listopad
Sabato	Subota
Settembre	Rujan
Settimana	Tjedan
Venerdì	Petak

Governo
Vlada

Capo	Vođa
Cittadinanza	Državljanstvo
Civile	Građanski
Costituzione	Ustav
Democrazia	Demokracija
Diritti	Prava
Discorso	Govor
Discussione	Rasprava
Giudiziario	Sudski
Giustizia	Pravda
Indipendenza	Nezavisnost
Legge	Zakon
Libertà	Sloboda
Monumento	Spomenik
Nazione	Narod
Politica	Politika
Quartiere	Okrug
Simbolo	Simbol
Stato	Država
Uguaglianza	Jednakost

Guida
Vožnja

Auto	Automobil
Autobus	Autobus
Carburante	Gorivo
Freni	Kočnice
Garage	Garaža
Gas	Plin
Incidente	Nesreća
Licenza	Licenca
Mappa	Karta
Moto	Motocikl
Motore	Motor
Pedonale	Pješak
Pericolo	Opasnost
Polizia	Policija
Sicurezza	Sigurnost
Strada	Cesta
Traffico	Promet
Trasporto	Prijevoz
Tunnel	Tunel
Velocità	Brzina

I Media
Mediji

Atteggiamenti	Stavovi
Commerciale	Trgovački
Comunicazione	Komunikacija
Digitale	Digitalni
Edizione	Izdanje
Educazione	Obrazovanje
Fatti	Činjenice
Finanziamento	Financiranje
Foto	Fotografije
Giornali	Novine
Industria	Industrija
Intellettuale	Intelektualac
Locale	Lokalni
Online	Na Liniji
Opinione	Mišljenje
Pubblico	Javnost
Radio	Radio
Rete	Mreža
Riviste	Časopisi
Televisione	Televizija

Imbarcazioni
Brodovi

Albero	Jarbol
Ancora	Sidro
Barca a Vela	Jedrilica
Boa	Plutača
Canoa	Kanu
Corda	Uže
Equipaggio	Posada
Fiume	Rijeka
Kayak	Kajak
Lago	Jezero
Mare	More
Marea	Plima
Marinaio	Mornar
Motore	Motor
Nautico	Pomorski
Oceano	Ocean
Onde	Valovi
Traghetto	Trajekt
Yacht	Jahta
Zattera	Splav

Immigrazione
Imigracija

Adulti	Odrasli
Aiuto	Pomoć
Alloggio	Kućište
Amministrazione	Uprava
Approvazione	Odobrenje
Bambini	Djeca
Comunicazione	Komunikacija
Documenti	Dokumenti
Finanziamento	Financiranje
Frontiere	Granice
Legge	Zakon
Lingua	Jezik
Processo	Proces
Protezione	Zaštita
Scadenza	Rok
Situazione	Situacija
Soluzione	Rješenje
Stress	Stres
Trattativa	Pregovaranje
Ufficiale	Časnik

Ingegneria
Inženjerska Umjetnost

Angolo	Kut
Asse	Os
Calcolo	Izračun
Costruzione	Izgradnja
Diagramma	Dijagram
Diametro	Promjer
Diesel	Dizel
Distribuzione	Distribucija
Energia	Energija
Forza	Snaga
Ingranaggi	Zupčanici
Liquido	Tekućina
Macchina	Stroj
Misurazione	Mjerenje
Motore	Motor
Profondità	Dubina
Propulsione	Pogon
Rotazione	Rotacija
Stabilità	Stabilnost
Struttura	Struktura

Jazz
Jazz

Album	Album
Applauso	Pljesak
Artista	Umjetnik
Canzone	Pjesma
Compositore	Skladatelj
Composizione	Sastav
Concerto	Koncert
Enfasi	Naglasak
Famoso	Poznati
Genere	Žanr
Improvvisazione	Improvizacija
Musica	Glazba
Nuovo	Novo
Orchestra	Orkestar
Preferiti	Favoriti
Ritmo	Ritam
Stile	Stil
Talento	Talent
Tecnica	Tehnika
Vecchio	Star

Letteratura
Književnost

Analisi	Analiza
Analogia	Analogija
Aneddoto	Anegdota
Autore	Autor
Biografia	Biografija
Conclusione	Zaključak
Confronto	Usporedba
Descrizione	Opis
Dialogo	Dijalog
Genere	Žanr
Metafora	Metafora
Opinione	Mišljenje
Poesia	Pjesma
Poetico	Pjesnički
Rima	Rima
Ritmo	Ritam
Romanzo	Roman
Stile	Stil
Tema	Tema
Tragedia	Tragedija

Libri
Knjige

Autore	Autor
Avventura	Avantura
Collezione	Zbirka
Contesto	Kontekst
Dualità	Dualnost
Epico	Ep
Inventivo	Inventivni
Letterario	Literarni
Lettore	Čitač
Narratore	Pripovjedač
Pagina	Stranica
Poesia	Poezija
Rilevante	Relevantan
Romanzo	Roman
Scritto	Napisan
Serie	Serija
Storia	Priča
Storico	Povijesni
Tragico	Tragično
Umoristico	Duhovit

Malattia
Bolesti

Acuto	Akutan
Allergie	Alergije
Batterico	Bakterijski
Benessere	Wellness
Contagioso	Zarazan
Corpo	Tijelo
Cronico	Kroničan
Cuore	Srce
Debole	Slab
Ereditario	Nasljedno
Genetico	Genetski
Immunità	Imunitet
Infiammazione	Upala
Neuropatia	Neuropatija
Patogeni	Patogena
Polmonare	Plućni
Respiratorio	Dišni
Salute	Zdravlje
Sindrome	Sindrom
Terapia	Terapija

Mammiferi
Sisavci

Balena	Kit
Cane	Pas
Canguro	Klokan
Cavallo	Konj
Cervo	Jelen
Coniglio	Zec
Coyote	Kojot
Delfino	Dupin
Elefante	Slon
Gatto	Mačka
Giraffa	Žirafa
Gorilla	Gorila
Leone	Lav
Lupo	Vuk
Orso	Snositi
Pecora	Ovce
Scimmia	Majmun
Toro	Bik
Volpe	Lisica
Zebra	Zebra

Matematica
Matematika

Angoli	Kutovi
Aritmetica	Aritmetika
Circonferenza	Opseg
Decimale	Decimala
Diametro	Promjer
Divisione	Podjela
Equazione	Jednadžba
Esponente	Eksponent
Frazione	Frakcija
Geometria	Geometrija
Parallelo	Paralelno
Parallelogramma	Paralelogram
Perimetro	Perimetar
Poligono	Poligon
Quadrato	Kvadrat
Rettangolo	Pravokutnik
Simmetria	Simetrija
Somma	Suma
Triangolo	Trokut
Volume	Volumen

Meditazione
Meditacija

Accettazione	Prihvaćanje
Attenzione	Pažnja
Calma	Miran
Chiarezza	Jasnoća
Compassione	Suosjećanje
Emozioni	Emocije
Gentilezza	Ljubaznost
Gratitudine	Zahvalnost
Mentale	Mentalno
Mente	Um
Movimento	Pokret
Musica	Glazba
Natura	Priroda
Osservazione	Promatranje
Pace	Mir
Pensieri	Misli
Postura	Držanje
Prospettiva	Perspektiva
Respirazione	Disanje
Silenzio	Tišina

Meteo
Vrijeme

Arcobaleno	Duga
Asciutto	Suho
Atmosfera	Atmosfera
Brezza	Povjetarac
Cielo	Nebo
Clima	Klima
Fulmine	Munja
Ghiaccio	Led
Monsone	Monsun
Nebbia	Magla
Nube	Oblak
Polare	Polarni
Siccità	Suša
Temperatura	Temperatura
Tempesta	Oluja
Tornado	Tornado
Tropicale	Tropski
Tuono	Grmljavina
Uragano	Uragan
Vento	Vjetar

Misurazioni
Mjerenja

Altezza	Visina
Byte	Bajt
Centimetro	Centimetar
Chilogrammo	Kilogram
Chilometro	Kilometar
Decimale	Decimala
Grado	Stupanj
Grammo	Gram
Larghezza	Širina
Litro	Litra
Lunghezza	Dužina
Massa	Masa
Metro	Metar
Minuto	Minuta
Oncia	Unca
Peso	Težina
Pollice	Inč
Profondità	Dubina
Tonnellata	Tona
Volume	Volumen

Mitologia
Mitologija

Archetipo	Arhetip
Comportamento	Ponašanje
Creatura	Stvorenje
Creazione	Stvaranje
Cultura	Kultura
Disastro	Katastrofa
Divinità	Božanstva
Eroe	Junak
Forza	Snaga
Fulmine	Munja
Gelosia	Ljubomora
Guerriero	Ratnik
Immortalità	Besmrtnost
Labirinto	Labirint
Leggenda	Legenda
Magico	Čarobni
Mortale	Smrtnik
Mostro	Čudovište
Tuono	Grmljavina
Vendetta	Osveta

Musica
Glazba, Muzika

Album	Album
Armonia	Sklad
Armonico	Harmonijski
Ballata	Balada
Cantante	Pjevač
Cantare	Pjevati
Classico	Klasični
Coro	Zbor
Lirico	Lirski
Melodia	Melodija
Microfono	Mikrofon
Musicale	Mjuzikl
Musicista	Glazbenik
Opera	Opera
Poetico	Pjesnički
Registrazione	Snimanje
Ritmico	Ritmičan
Ritmo	Ritam
Strumento	Instrument
Vocale	Vokalni

Natura
Priroda

Animali	Životinje
Api	Pčele
Artico	Arktik
Bellezza	Ljepota
Deserto	Pustinja
Dinamico	Dinamičan
Erosione	Erozija
Fiume	Rijeka
Fogliame	Lišće
Foresta	Šuma
Ghiacciaio	Ledenjak
Montagne	Planine
Nebbia	Magla
Nuvole	Oblaci
Rifugio	Sklonište
Santuario	Svetište
Selvaggio	Divlji
Sereno	Spokojan
Tropicale	Tropski
Vitale	Bitan

Numeri
Brojevi

Cinque	Pet
Decimale	Decimala
Diciannove	Devetnaest
Diciassette	Sedamnaest
Diciotto	Osamnaest
Dieci	Deset
Dodici	Dvanaest
Due	Dva
Nove	Devet
Otto	Osam
Quattordici	Četrnaest
Quattro	Četiri
Quindici	Petnaest
Sedici	Šesnaest
Sei	Šest
Sette	Sedam
Tre	Tri
Tredici	Trinaest
Venti	Dvadeset
Zero	Nula

Nutrizione
Prehrana

Amaro	Gorak
Appetito	Apetit
Bilanciato	Uravnotežen
Calorie	Kalorije
Commestibile	Jestivo
Dieta	Dijeta
Digestione	Probava
Fermentazione	Vrenje
Gusto	Okus
Liquidi	Tekućine
Nutriente	Hranljiv
Peso	Težina
Proteine	Proteini
Qualità	Kvaliteta
Salsa	Umak
Salute	Zdravlje
Sano	Zdrav
Spezie	Začini
Tossina	Toksin
Vitamina	Vitamin

Oceano
Ocean

Anguilla	Jegulja
Balena	Kit
Barca	Čamac
Corallo	Koralja
Delfino	Dupin
Gamberetto	Škampi
Granchio	Rak
Maree	Plime
Medusa	Meduza
Onde	Valovi
Ostrica	Kamenica
Pesce	Riba
Polpo	Hobotnica
Sale	Sol
Scogliera	Greben
Spugna	Spužva
Squalo	Morski Pas
Tartaruga	Kornjača
Tempesta	Oluja
Tonno	Tuna

Paesaggi
Krajolici

Cascata	Vodopad
Collina	Brdo
Deserto	Pustinja
Fiume	Rijeka
Geyser	Gejzir
Ghiacciaio	Ledenjak
Grotta	Špilja
Iceberg	Ledena
Isola	Otok
Lago	Jezero
Mare	More
Montagna	Planina
Oasi	Oaza
Oceano	Ocean
Palude	Močvara
Penisola	Poluotok
Spiaggia	Plaža
Tundra	Tundra
Valle	Dolina
Vulcano	Vulkan

Paesi #1
Zemlje № 1

Brasile	Brazil
Cambogia	Kambodža
Canada	Kanada
Egitto	Egipat
Finlandia	Finska
Germania	Njemačka
India	Indija
Iraq	Irak
Israele	Izrael
Libia	Libija
Mali	Mali
Marocco	Maroko
Norvegia	Norveška
Panama	Panama
Polonia	Poljska
Romania	Rumunjska
Senegal	Senegal
Spagna	Španjolska
Venezuela	Venezuela
Vietnam	Vijetnam

Paesi #2
Zemlje № 2

Albania	Albanija
Danimarca	Danska
Etiopia	Etiopija
Giamaica	Jamajka
Giappone	Japan
Grecia	Grčka
Haiti	Haiti
Indonesia	Indonezija
Irlanda	Irska
Laos	Laos
Liberia	Liberija
Messico	Meksiko
Nepal	Nepal
Nigeria	Nigerija
Pakistan	Pakistan
Russia	Rusija
Siria	Sirija
Sudan	Sudan
Ucraina	Ukrajina
Uganda	Uganda

Piante
Biljke

Albero	Drvo
Bacca	Bobica
Bambù	Bambus
Botanica	Botanika
Cactus	Kaktus
Cespuglio	Grm
Crescere	Rasti
Edera	Bršljan
Erba	Trava
Fagiolo	Grah
Fertilizzante	Gnojivo
Fiore	Cvijet
Flora	Flora
Fogliame	Lišće
Foresta	Šuma
Giardino	Vrt
Muschio	Mahovina
Petalo	Latica
Radice	Korijen
Vegetazione	Vegetacija

Professioni #1
Zanimanja № 1

Allenatore	Trener
Ambasciatore	Ambasador
Artista	Umjetnik
Astronomo	Astronom
Avvocato	Odvjetnik
Ballerino	Plesačica
Banchiere	Bankar
Cacciatore	Lovac
Cartografo	Kartograf
Editore	Urednik
Farmacista	Ljekarnik
Geologo	Geolog
Gioielliere	Zlatar
Marinaio	Mornar
Medico	Liječnik
Musicista	Glazbenik
Pianista	Pijanist
Psicologo	Psiholog
Scienziato	Znanstvenik
Veterinario	Veterinar

Professioni #2
Zanimanja № 2

Astronauta	Astronaut
Bibliotecario	Knjižničar
Biologo	Biolog
Chirurgo	Kirurg
Dentista	Zubar
Filosofo	Filozof
Fotografo	Fotograf
Giardiniere	Vrtlar
Giornalista	Novinar
Illustratore	Ilustrator
Ingegnere	Inženjer
Insegnante	Učitelj
Inventore	Izumitelj
Investigatore	Istražitelj
Linguista	Jezikoslovac
Medico	Liječnik
Pilota	Pilot
Pittore	Slikar
Ricercatore	Istraživač
Zoologo	Zoolog

Psicologia
Psihologija

Clinico	Klinički
Cognizione	Spoznaja
Comportamento	Ponašanje
Conflitto	Sukob
Ego	Ego
Emozioni	Emocije
Esperienze	Iskustva
Idee	Ideje
Inconscio	Nesvjesno
Infanzia	Djetinjstvo
Influenze	Utjecaji
Pensieri	Misli
Percezione	Percepcija
Personalità	Osobnost
Problema	Problem
Realtà	Stvarnost
Sensazione	Osjećaj
Sogni	Snovi
Terapia	Terapija
Valutazione	Procjena

Riscaldamento Globale
Globalno Zagrijavanje

Ambientale	Ekološki
Artico	Arktik
Attenzione	Pažnja
Clima	Klima
Crisi	Kriza
Dati	Podaci
Energia	Energija
Futuro	Budućnost
Gas	Plin
Generazioni	Generacije
Governo	Vlada
Habitat	Staništa
Industria	Industrija
Internazionale	Međunarodni
Legislazione	Zakonodavstvo
Ora	Sada
Popolazioni	Stanovništvo
Scienziato	Znanstvenik
Sviluppo	Razvoj
Temperature	Temperature

Ristorante #1
Restoran Broj 1

Allergia	Alergija
Caffè	Kava
Cameriera	Konobarica
Carne	Meso
Cassiere	Blagajnik
Cibo	Hrana
Ciotola	Zdjela
Coltello	Nož
Cucina	Kuhinja
Dessert	Desert
Ingredienti	Sastojci
Mangiare	Jesti
Menù	Jelovnik
Pane	Kruh
Piatto	Tanjur
Piccante	Akutni
Pollo	Piletina
Prenotazione	Rezervacija
Salsa	Umak
Tovagliolo	Ubrus

Ristorante #2
Restoran Broj 2

Acqua	Voda
Aperitivo	Predjelo
Bevanda	Piće
Cameriere	Konobar
Cena	Večera
Cucchiaio	Žlica
Delizioso	Ukusno
Forchetta	Vilica
Frutta	Voće
Ghiaccio	Led
Insalata	Salata
Minestra	Juha
Pesce	Riba
Pranzo	Ručak
Sale	Sol
Sedia	Stolica
Spezie	Začini
Torta	Torta
Uova	Jaja
Verdure	Povrće

Salute e Benessere #1
Zdravlje i Wellness # 1

Abitudine	Navika
Altezza	Visina
Attivo	Aktivan
Batteri	Bakterije
Clinica	Klinika
Fame	Glad
Farmacia	Ljekarna
Frattura	Lom
Medicina	Lijek
Medico	Liječnik
Muscoli	Mišići
Nervi	Živci
Ormoni	Hormoni
Pelle	Koža
Postura	Držanje
Riflesso	Refleks
Rilassamento	Opuštanje
Terapia	Terapija
Trattamento	Liječenje
Virus	Virus

Salute e Benessere #2
Zdravlje i Wellness # 2

Allergia	Alergija
Anatomia	Anatomija
Appetito	Apetit
Caloria	Kalorija
Corpo	Tijelo
Dieta	Dijeta
Digestione	Probava
Disidratazione	Dehidracija
Energia	Energija
Genetica	Genetika
Igiene	Higijena
Infezione	Infekcija
Malattia	Bolest
Massaggio	Masaža
Nutrizione	Ishrana
Ospedale	Bolnica
Peso	Težina
Sangue	Krv
Sano	Zdrav
Vitamina	Vitamin

Scacchi
Šah

Avversario	Protivnik
Bianco	Bijeli
Campione	Prvak
Concorso	Natjecanje
Diagonale	Dijagonala
Giocatore	Igrač
Gioco	Igra
Intelligente	Pametan
Nero	Crna
Passivo	Pasivno
Per Imparare	Učiti
Punti	Točke
Re	Kralj
Regina	Kraljica
Regole	Pravila
Sacrificio	Žrtvovati
Sfide	Izazovi
Strategia	Strategija
Tempo	Vrijeme
Torneo	Turnir

Scienza
Znanost

Atomo	Atom
Chimico	Kemijski
Clima	Klima
Dati	Podaci
Esperimento	Eksperiment
Evoluzione	Evolucija
Fatto	Činjenica
Fisica	Fizika
Fossile	Fosil
Gravità	Gravitacija
Ipotesi	Hipoteza
Laboratorio	Laboratorij
Metodo	Metoda
Minerali	Minerali
Molecole	Molekule
Natura	Priroda
Organismo	Organizam
Osservazione	Promatranje
Particelle	Čestice
Scienziato	Znanstvenik

Spezie
Začini

Aglio	Češnjak
Amaro	Gorak
Anice	Anis
Cannella	Cimet
Cardamomo	Kardamom
Cipolla	Luk
Coriandolo	Korijander
Cumino	Kumin
Curcuma	Kurkuma
Curry	Curry
Dolce	Slatko
Finocchio	Komorač
Gusto	Okus
Liquirizia	Slatki
Paprika	Paprika
Pepe	Papar
Sale	Sol
Vaniglia	Vanilija
Zafferano	Šafran
Zenzero	Đumbir

Sport

Sport

Allenatore	Trener
Atleta	Sportaš
Capacità	Sposobnost
Ciclismo	Biciklizam
Corpo	Tijelo
Danza	Ples
Dieta	Dijeta
Forza	Snaga
Jogging	Jogging
Massimizzare	Maksimizirati
Metabolico	Metabolički
Muscoli	Mišići
Nuotare	Plivati
Nutrizione	Ishrana
Obiettivo	Cilj
Ossa	Kosti
Programma	Program
Resistenza	Izdržljivost
Salute	Zdravlje
Sportivo	Sportski

Strumenti Musicali

Glazbeni Instrumenti

Armonica	Harmonika
Arpa	Harfa
Banjo	Bendžo
Chitarra	Gitara
Clarinetto	Klarinet
Fagotto	Fagot
Flauto	Flauta
Gong	Gong
Mandolino	Mandolina
Marimba	Marimba
Oboe	Oboa
Percussione	Udaraljke
Pianoforte	Klavir
Sassofono	Saksofon
Tamburello	Tamburaški
Tamburo	Bubanj
Tromba	Truba
Trombone	Trombon
Violino	Violina
Violoncello	Violončelo

Tempo

Vrijeme

Anno	Godina
Annuale	Godišnji
Calendario	Kalendar
Decennio	Desetljeće
Dopo	Nakon
Futuro	Budućnost
Giorno	Dan
Ieri	Jučer
Mattina	Jutro
Mese	Mjesec
Mezzogiorno	Podne
Minuto	Minuta
Momento	Trenutak
Notte	Noć
Oggi	Danas
Orologio	Sat
Presto	Uskoro
Prima	Prije
Secolo	Stoljeće
Settimana	Tjedan

Tipi di Capelli

Vrste Kose

Argento	Srebro
Asciutto	Suho
Bianco	Bijeli
Biondo	Plavuša
Breve	Kratak
Calvo	Ćelav
Grigio	Siva
Intrecciato	Pletena
Lucido	Sjajan
Lungo	Dugo
Marrone	Smeđ
Morbido	Mekan
Nero	Crna
Ondulato	Valovita
Riccio	Kovrčava
Riccioli	Kovrče
Sano	Zdrav
Sottile	Tanak
Spessore	Debeo
Trecce	Pletenice

Uccelli

Ptice

Airone	Čaplja
Anatra	Patka
Aquila	Orao
Cicogna	Roda
Cigno	Labud
Cuculo	Kukavica
Falco	Sokol
Fenicottero	Flamingo
Gabbiano	Galeb
Oca	Guska
Pappagallo	Papiga
Passero	Vrabac
Pavone	Paun
Pellicano	Pelikan
Piccione	Golub
Pinguino	Pingvin
Pollo	Piletina
Struzzo	Noj
Tucano	Toucan
Uovo	Jaje

Universo

Svemir

Asteroide	Asteroid
Astronomia	Astronomija
Astronomo	Astronom
Atmosfera	Atmosfera
Buio	Tama
Celeste	Nebeski
Cielo	Nebo
Cosmico	Kozmički
Emisfero	Hemisfera
Galassia	Galaksija
Latitudine	Širina
Longitudine	Dužina
Luna	Mjesec
Orbita	Orbita
Orizzonte	Horizont
Solare	Sunčano
Solstizio	Solsticij
Telescopio	Teleskop
Visibile	Vidljiv
Zodiaco	Zodijak

Vacanze #2
Odmor № 2

Aeroporto	Zračna Luka
Campeggio	Kampiranje
Destinazione	Odredište
Foto	Fotografije
Hotel	Hotel
Isola	Otok
Mappa	Karta
Mare	More
Montagne	Planine
Passaporto	Putovnica
Ristorante	Restoran
Spiaggia	Plaža
Straniero	Stranac
Taxi	Taksi
Tenda	Šator
Trasporto	Prijevoz
Treno	Vlak
Vacanza	Odmor
Viaggio	Putovanje
Visto	Viza

Veicoli
Vozila

Aereo	Zrakoplov
Ambulanza	Hitna Pomoć
Auto	Automobil
Autobus	Autobus
Barca	Čamac
Bicicletta	Bicikl
Camion	Kamion
Caravan	Karavan
Elicottero	Helikopter
Motore	Motor
Navetta	Čunak
Pneumatici	Gume
Razzo	Raketa
Scooter	Skuter
Sottomarino	Podmornica
Taxi	Taksi
Traghetto	Trajekt
Trattore	Traktor
Treno	Vlak
Zattera	Splav

Verdure
Povrće

Aglio	Češnjak
Broccolo	Brokula
Carciofo	Artičoka
Carota	Mrkva
Cetriolo	Krastavac
Cipolla	Luk
Fungo	Gljiva
Insalata	Salata
Melanzana	Patlidžan
Patata	Krumpir
Pisello	Grašak
Pomodoro	Rajčica
Prezzemolo	Peršin
Rapa	Repa
Ravanello	Rotkvica
Scalogno	Luk Kozjak
Sedano	Celer
Spinaci	Špinat
Zenzero	Đumbir
Zucca	Bundeva

Vestiti
Odjeća

Abito	Haljina
Braccialetto	Narukvica
Camicetta	Bluza
Camicia	Košulja
Cappello	Šešir
Cappotto	Kaput
Cintura	Pojas
Collana	Ogrlica
Giacca	Jakna
Gonna	Suknja
Grembiule	Pregača
Guanti	Rukavice
Jeans	Traperice
Maglione	Džemper
Moda	Moda
Pantaloni	Hlače
Pigiama	Pidžama
Sandali	Sandale
Scarpa	Cipela
Sciarpa	Šal

Congratulazioni

Ce l'hai fatta!

Speriamo che questo libro vi sia piaciuto tanto quanto a noi è piaciuto concepirlo. Ci sforziamo di creare libri della più alta qualità possibile.
Questa edizione è progettata per fornire un apprendimento intelligente, di qualità e divertente!

Le è piaciuto questo libro?

Una Semplice Richiesta

Questi libri esistono grazie alle recensioni che pubblicate.

Puoi aiutarci lasciando una recensione
ora a questo link ?

BestBooksActivity.com/Recensioni50

SFIDA FINALE!

Sfida n°1

Sei pronto per il tuo gioco gratuito? Li usiamo sempre, ma non sono così facili da trovare - ecco i Sinonimi!
Scrivi 5 parole che hai trovato nei puzzle (n° 21, n° 36, n° 76) e prova a trovare 2 sinonimi per ogni parola.

Scrivi 5 parole del ***Puzzle 21***

Parole	Sinonimo 1	Sinonimo 2

Scrivi 5 parole del ***Puzzle 36***

Parole	Sinonimo 1	Sinonimo 2

Scrivi 5 parole del ***Puzzle 76***

Parole	Sinonimo 1	Sinonimo 2

Sfida n°2

Ora che ti sei riscaldato, scrivi 5 parole che hai trovato nei puzzle n° 9, n° 17 e n° 25 e cerca di trovare 2 contrari per ogni parola. Quanti ne puoi trovare in 20 minuti?

Scrivi 5 parole del ***Puzzle 9***

Parole	Antonimo 1	Antonimo 2

Scrivi 5 parole del ***Puzzle 17***

Parole	Antonimo 1	Antonimo 2

Scrivi 5 parole del ***Puzzle 25***

Parole	Antonimo 1	Antonimo 2

Sfida n°3

Grande! Questa sfida  non è niente per te!

Pronto per la sfida finale? Scegli 10 parole che hai scoperto nei diversi puzzle e scrivile qui sotto.

1.	6.
2.	7.
3.	8.
4.	9.
5.	10.

Ora scrivi un testo pensando a una persona, un animale o un luogo che ti piace.

Puoi usare l'ultima pagina di questo libro come bozza.

La tua composizione:

TACCUINO:

A PRESTO!

Tutta la Squadra

www.ingramcontent.com/pod-product-compliance
Lightning Source LLC
Chambersburg PA
CBHW082044120626
46553CB00011B/3282
* 9 7 9 8 8 9 6 7 0 5 7 3 4 *